A MÃE DO MUNDO
VIDA E LUTAS DE MÃE BEATA DE YEMANJÁ

A MÃE DO MUNDO
VIDA E LUTAS DE MÃE BEATA DE YEMANJÁ

JEFFERSON BARBOSA

Todos os direitos desta edição reservados à Malê Editora e Produtora Cultural Ltda.

Direção: Francisco Jorge & Vagner Amaro

A Mãe do Mundo: vida e lutas de Mãe Beata de Yemanjá

ISBN: 978-85-92736-97-2

Edição: Francisco Jorge
Foto de capa: Claudia Ferreira
Capa: Ale Santos
Diagramação: Ale Santos
Revisão técnica: Bebel Nepomuceno

Texto revisado segundo o novo Acordo Ortográfico da Língua Portuguesa.
Proibida a reprodução, no todo, ou em parte, através de quaisquer meios.

Dados internacionais de catalogação na publicação (CIP)

Vagner Amaro – Bibliotecário - CRB-7/5224

B228m	Barbosa, Jefferson Mãe do mundo: vida e lutas de Mãe Beata de Yemanjá / Jefferson Barbosa. — 1. ed. — Rio de Janeiro : Malê, 2023. 126 p. ISBN 978-85-92736-97-2 1. Biografia 2. Beata, de Yemanjá, (1931-1917) I. Título. CDD B920.72

Índices para catálogo sistemático: 1. Mãe Beata de Yemanjá : Biografia 920.72

Editora Malê

Rua Acre, 83, sala 202, Centro. Rio de Janeiro (RJ)

www.editoramale.com.br

contato@editoramale.com.br

Bom dia para Todos e Todas, ①
a minha vinda aqui hoje me dá uma
grande satisfação e ao mesmo tempo
tristeza. Hoje quando eu saia de casa,
alguém me disse: Mãe veja o que a
senhora vai falar, pois tem muita gente,
que poderá interpretar a sua fala
de uma outra maneira, achando até
um pouco agressiva. Parei e Pensei!
Será que eu com os meus 81 anos, vendo
as nossas matas do Amazonas, ser degradada,
~~tanto sua floresta~~ quanto o Rio. O rio
São Francisco sendo desviado, os indios
sendo obrigado a entregar as suas
terras para o homem branco construir
sabe lá o que?
Temos também de nos preocupar em
relação ao ar que respiramos, pois sinto
que está existindo algo que está
contribuindo para a exterminação do ser
humano no mundo, principalmente as etnias
que não agradam a midia como exemplo:
O negro, os indios e os quilombolas, ciganos

O gba a giri l'owo osika.
O fi l'emi asoto l'owo.

(Dê-me o poder de manifestar a abundância.
Revela o mistério da abundância.)
Oriki para Oxalá

SUMÁRIO

APRESENTAÇÃO 11

PREFÁCIO 17

AGRADECIMENTOS 21

PARTE I - BEATRIZ, FILHA DE MARIA DO CARMO E DE YEMANJÁ 27

CAPÍTULO I - ENCRUZILHADA 29

CAPÍTULO II - BANZO 33

CAPÍTULO III - MENINA DAS ÁGUAS DE CACHOEIRA 43

CAPÍTULO IV - BAHIA DE TODOS OS ORIXÁS 47

CAPÍTULO V - BAÍA DA GUANABARA 55

PARTE II - BEATA, A MÃE DO MUNDO 63

CAPÍTULO VI - AS ÁGUAS DOS OLHOS DE OXÓSSI 65

CAPÍTULO VII - MULHER NEGRA 73

CAPÍTULO VIII - A MÃE DO MUNDO 87

CAPÍTULO IX - VOZ COLETIVA 95

CAPÍTULO X
EU NÃO VOU SUCUMBIR / A VOLTA PARA O MAR 103

ENTREVISTADOS 115

GLOSSÁRIO 117

BIBLIOGRAFIA E FONTES 119

POSFÁCIO 121

> *"Sou de uma religião em que o tempo é ancestralidade.*
> *A fruta só dá no seu tempo, a folha só cai na hora certa."*
> Mãe Beata de Yemanjá

APRESENTAÇÃO

Aqui iremos conhecer, de maneira concisa, a história de Mãe Beata de Yemanjá, ialorixá e líder social com reconhecida trajetória de lutas em diferentes alçadas de atuação, cuja influência se expandiu para muito além da Baixada Fluminense e do Rio de Janeiro. A partir do lugar de mulher negra, nordestina, sacerdotisa do Candomblé e bisneta de escravizados, Beatriz Moreira Costa, nome civil da ialorixá, constituiu, em 86 anos de vida, uma história que envolve muitas outras, entre elas a história do Brasil.

Em 2015, ao entrevistar Mãe Beata para o *Voz da Baixada*[1] em seu terreiro, manifestei o desejo de escrever sobre sua história de vida. Essa ideia me acompanhou durante todo o período da faculdade em Jornalismo; fui atravessado por ela. Voltei ao ambiente em que estive com Mãe Beata pela última vez algum tempo depois, agora para encontrar Pai Adailton, filho biológico da nossa protagonista. Havia se passado sete meses da morte da ialorixá, e seus familiares carnais e filhos de santo estavam ainda vivendo o axexê, uma cerimônia realizada após a morte de uma pessoa iniciada no Candomblé e também o período de luto durante o qual é obrigatória a realização de distintos rituais, num

[1] Coletivo de mídia livre da Baixada Fluminense que ajudei a fundar.

processo de dessacralização dos pertences do morto e de liberação de seu orixá de cabeça.

Diplomas, honrarias, cartazes de eventos, prêmios, imagens, como uma do Padre Cícero, tudo, de alguma maneira ligado à Mãe Beata de Yemanjá, estava disposto no ambiente, numa ordem não burocrática, mas em diálogo entre si. No centro do cômodo, a mesa onde todos se alimentam. Do outro lado do espaço, separada apenas por um balcão, a cozinha do terreiro. No momento de minha conversa com Pai Adailton, o então iaô de Xangô Marcos Serra e outras duas pessoas, todas membros da comunidade Ilê Omiojúàrô, preparavam alimentos.

Passado o axexê, retomei com Pai Adailton a conversa iniciada com Mãe Beata em 2015, de escrever sua história de vida e de lutas. Desde então, recorri a diferentes mentores que me ajudaram a encontrar um caminho e que, em maior ou menor grau, me acompanharam nesses últimos anos. Muitas dessas pessoas, estudiosas e/ou conhecedoras dos temas e contextos históricos aqui abordados, contribuíram com a leitura deste texto, dando dicas e orientações sobre o conteúdo e o rumo da escrita.

Para construí-la, parti de entrevistas, que estarão listadas ao final, de referências em trabalhos acadêmicos, de artigos jornalísticos, e da própria Mãe Beata, por meio de textos de sua autoria e de suas narrativas orais, além de buscar e checar informações diretamente com personagens envolvidos nos fatos e histórias aqui rememoradas, numa verdadeira colcha de retalhos. Também lancei mão de registros em vídeo e áudio e me baseei na biografia *Mãe Beata de Yemonjá: guia, cidadã, guerreira*, escrita por Haroldo Costa para a Coleção Personalidades Negras, da Biblioteca Nacional, publicada em 2010.

Esse exercício só foi possível graças à generosidade de amigos, familiares e filhos e filhas de santo do terreiro Ilê Omiojúàrô, companheiras e companheiros de luta de Mãe Beata, mas, sobretudo, dela, que no início desta trajetória recebeu e acolheu a ideia por mim proposta. A princípio, o que seria uma entrevista para a *Voz da Baixada* se tornou um perfil biográfico sobre ela e sobre as lutas que travou em vida. O legado de Mãe Beata de Yemanjá pode ser percebido na manutenção de sua casa, o Ilê Omiojúàrô, em Nova Iguaçu, na cultura e na negritude dos terreiros, quilombos e periferias, assim como no embate diário pelo direito à existência e respeito às raízes afro-brasileiras.

Divisei, nos quatro encontros que tive com Mãe Beata, um pouco do ser humano por trás da grande liderança do Candomblé, da protagonista de lutas feminista, antirracista, em prol das cotas sociais e a favor dos direitos da população LGBTQIA+. O que ela deu em forma de conhecimento, de sabedoria, está preservado. Ainda em vida, Mãe Beata teve certo reconhecimento de sua atuação por instâncias governamentais e por outros setores da sociedade, mas, durante muito tempo, histórias como a dela foram negadas pela história oficial do país. Sua condição social de mulher negra, vinda do Nordeste para a Baixada Fluminense, região desassistida e assolada pela violência no Rio de Janeiro, praticante do Candomblé, dotada de grande poder de articulação política evidenciam as contradições de uma sociedade que se acostumou a não valorizar os saberes populares.

A ausência, nos livros didáticos e salas de aula, de imagens e histórias como a de Mãe Beata afeta a autoestima de crianças negras, independentemente de classe ou de religião, para que possam perceber que heróis não são apenas homens, brancos, ricos e pertencentes a um lugar que não esteja à margem. Lembro-me bem de uma de suas frases na entrevista que nos concedeu: "a intolerância está ligada à ignorância de quem é preconceituoso".

Ainda na entrevista, um dos seus recados finais foi: "A Puc é Nossa" – em referência à Pontifícia Universidade Católica do Rio, instituição situada no bairro de classe alta da Gávea, zona sul, onde seu filho Adailton estudou. E fez um apelo pela vida dos jovens negros, pelos quais labutou em vida, citando lugares como a Lapa, o [Complexo do] Alemão, Duque de Caxias, Vidigal e Miguel Couto, favelas e bairros do Rio de Janeiro e municípios da Baixada Fluminense, vulnerabilizados, de população majoritariamente negra e, por isso mesmo, mais expostos às violências do Estado. Disse o que precisava ser dito.

Este *A mãe do mundo* retrata sua caminhada como pioneira e revolucionária no ativismo de questões sociais a partir do Candomblé, seus passos e percepções sobre o mundo e suas microdinâmicas. Mãe Beata de Yemanjá é parte de um panteão de nomes da história afro-brasileira que não podem ser esquecidos. Este trabalho também é uma forma de resistência numa sociedade racista e ainda muito desigual que se nega a olhar seu passado. Da Baixada Fluminense, do Rio de Janeiro, do Brasil, somos o que somos graças a nossos ancestrais, somos continuidade.

Antes de apresentar a história de Mãe Beata e sua família, vale reforçar que quando encontrados, documentos escritos foram usados, com a devida menção, mas, a fonte principal desse registro é a memória da oralidade. Busquei aproximar as informações com base nos registros disponíveis, atentando mais na contextualização da história de Mãe Beata, pensando, sobretudo, naqueles que irão encontrar essa personagem histórica brasileira pela primeira vez.

Para minha avó Nina.

Para Yá Ivete Moreira, yalaxé do Ilê Omiojúàrô e filha de Mãe Beata de Yemanjá.

PREFÁCIO
FORÇA DAS ÁGUAS DA CRIAÇÃO DO MUNDO

É em excelente hora que Jefferson Barbosa nos traz "**A mãe do mundo – A vida e as lutas de Mãe Beata de Yemanjá**". Uma obra de fôlego e que organiza grande parte da trajetória desta personagem que está não apenas na história das religiões no Brasil, mas na história do próprio país.

Deixo que o leitor e a leitora percorram a obra e acompanhem os fatos extraordinários desta vida excepcional. Neste prefácio me atenho à importância de Beatriz Moreira Costa face a sua atuação política, pois seu engajamento conectado à sua fé promoveu e, todavia, promove cidadania para grupos considerados subalternos e não dignos dos direitos humanos plenos ao longo dos mais de cinco séculos desde a fundação da nação por colonizadores.

A exemplo da também baiana Mãe Aninha, que influenciou no primeiro governo de Getúlio Vargas, a promulgação do Decreto Presidencial nº 1202, pondo fim à proibição aos cultos afro-brasileiros em 1934, Mãe Beata se junta a uma poderosa fileira de mulheres que mergulharam profundamente na experiência coletiva de suas comunidades religiosas. Mulheres que de forma proativa interferiram em rumos cruciais para garantir a existência e a continuação de seus cultos, em um país desde sempre hostil com as religiões cujas origens são o pertencimento negro.

A força inspiradora desta filha da cidade de Cachoeira, no Recôncavo da Bahia, que se fixou na Baixada Fluminense, região periférica ao centro econômico do município do Rio de Janeiro, contagiou e foi por décadas o combustível que manteve fortes e unidos os membros do Ilê Omiojúàrô, não de forma temerosa, mas orgulhosa das heranças recebidas e certeira de também seguir na construção de um legado de cultura e amor.

Este livro é um marco que registra os feitos de alguém possuidora do rosto de um país que deve se olhar e se reconhecer como belo em sua pluralidade, mas também em suas particularidades. O resgate das lutas travadas por Mãe Beata em pautas que hoje estão em toda a parte, resgata o pioneirismo de suas ações e, consequentemente, a coragem das que abrem caminhos e chamam para si responsabilidades.

Eu, como mulher negra que também tem raízes ancestrais no Recôncavo Baiano das terras pretas de massapê; da riqueza que provém das plantações de cana de açúcar e de fumo; das desigualdades entre casas grandes e muitas, quase infinitas senzalas; do Candomblé convivente com o catolicismo e crenças dos povos originários; como alguém que teve ancestrais que em algum momento sentiram as águas do rio Paraguaçu e o sol escaldante do verão em suas margens; que aspiraram o odor dos charutos de fábricas onde as mãos que enrolavam o tabaco eram as nossas... Eu, como alguém que agradece à existência de tantas vidas que me precederam, só posso me curvar à presença de Mãe Beata nas letras aqui impressas. Só me resta auxiliar para que o "Beata" de seu nome seja para sempre entendido como a alcunha da sacerdotisa sábia, que se soube instrumento a serviço da força divina das águas da criação do mundo.

Odoyá!
Eliana Alves Cruz

AGRADECIMENTOS

Agradeço antes de tudo a Mãe Beata de Yemanjá, por toda sua trajetória, luta e cuidados, por todo seu cardume.

Mãe Beata de Yemanjá, a mãe do mundo, passei os últimos anos acompanhado dela. Desde quando estava me preparando para fazer o Enem pela terceira vez, era a última tentativa dessa nova possibilidade para mim e minha família, passar para uma faculdade. Aqui um retrato muito simples de suas lutas e de sua trajetória, longe da ambição de fazer algo que desse conta de todos os aspectos e capítulos da vida de uma das ialorixás, liderança do movimento de mulheres negras e defensora de direitos humanos do país.

Entre trabalhos que foram da Defensoria Pública até a Globo e o início em 2019 de uma iniciativa própria que abriu o mundo para as ideias que acredito sobre o Jornalismo, pude pesquisar documentos, fazer entrevistas, vivenciar momentos que resultam em um ensaio biográfico, pela dimensão histórica de Beatriz Moreira Costa, ialorixá do Ilê Omiojúàrô - casa a que pertenço e estendo meus agradecimentos a todos irmãos.

Agradeço a Deus e aos orixás, Oxalá, Yemanjá e Oxóssi, aos meus ancestrais. Aos familiares de Mãe Beata, em especial a Pai Adailton, Yá Ivete, Yá Doya (Maria das Dores) e Aderbal, e todos que concederam horas de suas vidas em entrevistas, links, documentos, cafés e embarcações de ideias.

Pai Adailton, filho e companheiro de Mãe Beata, que atendeu esse jovem repórter se se atreveu a escrever sobre sua mãe, e que se tornou meu pai, que é tão generoso ao cuidar de mim e que me guia.

A irmandade que me acompanha é uma turma grande, citar nomes não dá conta de expressar meu agradecimento. A estranheza do Pilotis da PUC-Rio não foi maior que a história dos sonhos ancestrais, que toda a batalha que Dona Leda trava até hoje, que o espelho que eu preciso ser para um monte de gente, agradeço a ela e minha família, irmãos, tios, entre eles Tia Rosa, e principalmente ao meu avô Seu Anízio, que com as poucas palavras me dá todo entendimento para encarar o mundo.

Por todo mundo que chegou junto na assitência para eu não desistir do cursinho (parece que foi ontem que a Mari, o Rafa - meu irmão mais velho a quem divido a certeza de tê-lo como parceiro na vida toda - e a Dani me perturbavam pra eu não deixar de estudar, fazer os simulados e tal), aqui se juntam os crias da Lapa e da Umari e adjacências: Matisse, Courtney, Kati, Nina, Bê, Tiago, Cordon, Glória, Carol, Manu (e os pais que eu amo), Rodrigo, Thamy e Galzo. Quando o FESP chegou junto dando passagem (às vezes o que salvava eram as caronas da professora Luciene Medeiros) e alimentação, ou quando eu encontrei a Gabi Roza, Marina Lattuca, Lethicia Amâncio, Afonso Ribeiro, Gustavo Zeitel, Marcella Cabral, uma pá de gente que no meu primeiro semestre de faculdade fizeram acontecer um primeiro encontro sobre mídia livre com direito a participação do saudoso Ricardo Boechat, Tais Araújo e até a Jurema Werneck, médica que tinha assumido Anistia Internacional.

Depois de madrugar por alguns anos, perder alguns sonhos para conquistar outros, aqui tô eu, do Voz da Baixada, do Pantanal. E no Voz da Baixada nosso bonde inventou muitas modas mesmo tendo tão pouco, Ju, Tiaguinho, +Alto, Wallace, Lore e vários que passaram nessa travessia. Com pandemia e tudo, escutando aula com fone no ouvido enquanto entregava cesta básica pelo estado todo no auge da pandemia. Dando o nosso melhor, ainda tenho um bocado de trabalho nessa empreitada de contar a história da mãe do mundo.

Obrigado Dona Sueli Carneiro e Seu Edson Cardoso, ela minha conselheira para todos os assuntos e antes disso uma referência de integridade militante, dignidade na luta e ambição coletiva pela liberdade dos nosso corpos, ele nosso melhor cavaleiro e principal farol para o entendedimento das complexidades de ser movimento negro e buscar estabelecer um novo cotidiano para nossa gente.

Aos amigos que amo e que me movem para ser o que sou, Wesley Teixeira - menino do sapato de bico fino que desde sempre traz todos à sua volta para os planos de revolta organizada, a turma do Aquilombamento e especialmente Flávia Oliveira e Atila Roque por há quase dez anos me darem o suporte no saber como dar os passos, com quem caminhar e ter a certeza de estar seguro para onde caminhar, ela com uma doçura firme o suficiente de quem cuida dando amor e chamando atenção para os perigos ao nosso redor e ele um gentil e ouvinte provocador da certeza de não abdicar da luta, mas sobretudo não abdicar da vida feliz e apaixonada com nossos pares de caminhada. Agradeço ao Xico, que lá atrás me lembrava o doce da rapadura que é ser jornalista, vindo do Nordeste e inspirado num Belchior, a Maria Júlia, minha amiga e companheira que encontrei nos anos de pandemia e me dá tanta certeza na cumplicidade, no carinho e na vontade de ver bem.

Um agradecimento aos amigos do Grupo Unificar de Capoeira Angola, principalmente ao Mestre Peixe e Mestre Graffit, que sustentam a minha força para que não titubeie e leve o barco a frente, a galera do Galpão Goméia e junto deles o nosso yoda Heraldo HB, motriz da cultura de Caxias e da Baixada Fluminense.

Não poderia deixar de agradecer a toda rede do PerifaConnection e todo time a frente desse coletivo que dá conta de parte das nossas ideias para mudar o mundo, a Coalizão Negra por Direitos e o movimento negro brasileiro que está a postos para fazer a luta, inventar a luta por um Brasil onde nossa dignidade seja garantida.

A Dona Lúcia Xavier, que me faz sentir firmeza e tranquilidade na inquietude que ser um rapaz que faz sempre pra acontecer significa. Também ao Julio Ludemir, que foi quem me conseguiu o primeiro exemplar do livro de Seu Haroldo Costa sobre Mãe Beata e deu a confiança primeira para que desse vida a este livro.

Também saúdo às outras pessoas no entorno desse *A mãe do mundo* nos últimos meses, Bebel Nepomuceno pela leitura paciente e lapidação do texto até aqui, e Eliana Alves Cruz, a quem sou fã e que generosamente prefaciou esta história e com seus textos que tem a vitalidade dos bordados de um Bispo do Rosário, também saúdo a paciência insistente de Francisco, Vagner e Beatriz da Editora Malê nesse pôr no mundo do livro que todos podem ter em mãos.

No final das contas a gente só quer aprender a ler pra ensinar nossos camaradas.

PARTE I
Beatriz, filha de Maria do Carmo e de Yemanjá

CAPÍTULO I
ENCRUZILHADA

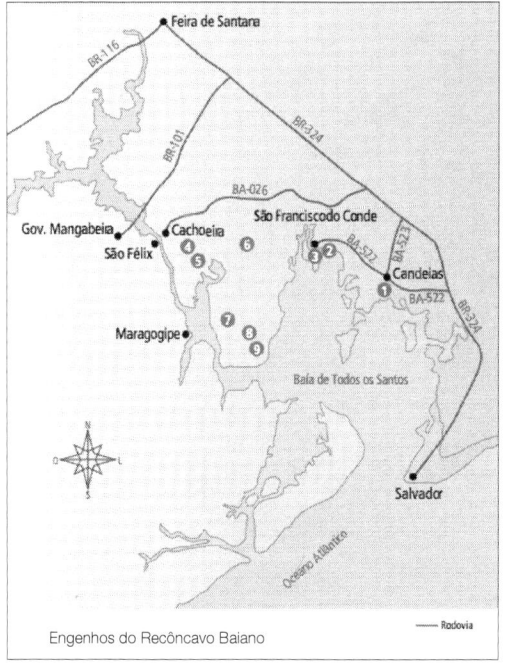

Engenhos do Recôncavo Baiano

Nossa história começa em Santiago do Iguape, localidade banhada pelo Rio Paraguaçu, na cidade de Cachoeira, na Bahia, fundada em 1561 na Capitania de Mem de Sá. Atualmente, Santiago do Iguape é uma pequena vila de pescadores e agricultores. Comunidades quilombolas, que no passado abrigavam resistentes ao regime escravista, esses territórios são espaços geograficamente estratégicos, constituídos por populações predominantemente negras que mantêm relações específicas com a terra, o parentesco e a ancestralidade, preservando tradições e práticas culturais próprias. A palavra quilombo é originária do idioma africano quimbundo, significando "sociedade formada por jovens guerreiros que pertenciam a grupo étnicos desenraizados de suas comunidades", mas que se amplia de sentidos no contexto do pós-abolição até a atualidade.

E foi bem ali, no Recôncavo Baiano, região que abrigou grande número de engenhos de cana de açúcar até o século XIX, num lugar chamado Cupaoba, que viviam Maria do Carmo, de 16 anos, filha de ex-escravizados, e Oscar Moreira, que uniram-se e constituíram família. Desse casamento nasceu um casal, o menino Aderbal e a menina Beatriz.

Na manhã do dia 20 de janeiro de 1931, seu Oscar avisou a Maria do Carmo que sairia para tentar conseguir algo e trazer comida para a família. Sua esposa, grávida, saiu logo em seguida. Nessa região, o rio é fonte de alimento e de renda para os habitantes. Maria do Carmo, que estava com fome, resolveu pescar alguns peixes para o almoço, pois há muito estava desejosa de comer peixe de água doce. Do Carmo, como era carinhosamente chamada, dirigiu-se em companhia da prima Arcanja para o rio Aku, na bacia do Rio Paraguaçu, que deságua em Santo Amaro da Purificação. No caminho, as duas se encontraram com uma tia-avó, chamada Afalá, uma negra jeje, parteira experiente. A mulher alertou que a ocasião não era propícia para Do Carmo sair, pois a lua já havia mudado e estava no mês esperado para que o bebê nascesse, não sendo recomendado que fizesse muito esforço naquelas condições.

Chegando na beira do rio, Do Carmo trocou a roupa que estava usando por uma outra mais apropriada para a pesca e entrou na água. Enquanto manuseava o jereré — uma pequena rede em formato cônico presa a um aro circular usada para pescar mariscos e pequenos peixes — Arcanja chamou sua atenção para a água do rio que estava tingida de vermelho no trecho em que Do Carmo se encontrava. "Arcanja, a bolsa rompeu, eu tô parindo", foi sua resposta.

Quando saiu da água, sua filha já estava nascendo. Nas palavras de Mãe Beata, ao relembrar a história de seu nascimento, "uma revolução", tamanho o movimento que todos à volta fizeram para ampará-la. Tia Afalá, que estava numa casa de farinha nas proximidades veio assistir a Do Carmo, que saiu do rio e, poucos metros à frente, pariu a bebê. Estavam numa encruzilhada. Quando tia Afalá chegou com as duas em casa avisou que aquela menina era filha de Exu com Yemanjá, por conta das águas e da encruzilhada. Era uma terça-feira, meio-dia.

O nome escolhido, Beatriz, o pai contava ter copiado de um pedaço de papel. À boca pequena, porém, o que se dizia era que Beatriz era o nome de uma moça, uma mulher branca e de cabelos longos, por quem ele fora apaixonado quando jovem, num tempo em que trabalhava para uma família de sobrenome Catarino, à qual, provavelmente, a mulher pertencia.

CAPÍTULO II
BANZO

ÁRVORE GENEALÓGICA[2]

Os primeiros engenhos de Santiago do Iguape foram erguidos no final do século XVI, fazendo do local uma das freguesias açucareiras mais ricas e produtivas da Bahia. O Engenho Novo, onde vivia o casal Oscar Moreira e Maria do Carmo, pertencia a uma senhora conhecida por Tiolina. Foi nessas terras que nasceu Beatriz, nossa protagonista. No contexto da escravidão, Tiolina, que era uma proprietária de muitos es-

---

[2] Ainda que faltem documentos que comprovem todas as informações, a árvore pode ser construída graças ao registro oral dos familiares, como Adailton, filho mais velho de Mãe Beata de Yemanjá.

cravos, comprou aqueles que viriam a ser os bisavós de Mãe Beata. Uma outra parte dessa família ficou em Pernambuco e no Maranhão. Não há, no caso dos bisavós de Mãe Beata, registro de seus nomes.

Mãe Beata contava que seus bisavós traziam duas filhas gêmeas, de apenas quatro anos, ao serem arrancados do Norte da Nigéria, para serem escravizados no Brasil, na primeira metade do Século XIX. Uma das gêmeas, que mais tarde receberia o nome de Josefa, era a mãe de Maria do Carmo, ao passo que da outra menina, no caso a tia de Do Carmo, não se conhece o nome. A família pertencia ao grupo étnico Tapas, também chamados Nupés — dominante no Estado do Níger. Durante a travessia do Oceano Atlântico, a irmã de Josefa adoeceu e acabou falecendo, devido às condições precárias da viagem, e teve seu corpo ocultado em meio a pedaços de pano pela mãe, que não queria se separar da filha. Acreditava que esconder o corpo em meio aos trapos poderia mascarar o cheiro putrefato. Passados alguns dias, porém, a morte da menina foi descoberta e seu corpo lançado ao mar por um dos marujos.

À época em que a família Nupé de Mãe Beata chegou ao Brasil o tráfico interatlântico de africanos escravizados já era ilegal, fora banido pela Lei Eusébio de Queiroz, de 1850. A despeito da proibição, a história registra que até pelo menos 1860 continuou a ocorrer a entrada ilegal de africanos escravizados e em 1871 instituída a Lei do Ventre Livre, que considerava livre os filhos de escravizados quando completavam a maioridade. O pós-abolição na Bahia é marcado pela dependência da mão de obra escrava.[3,4].

Somando a população parda, preta e cabocla da Freguesia de São Thiago do Iguape na segunda metade do século XIX, os não brancos constituíam 94% dos habitantes. Escravizados totalizavam 2.920 indivíduos, 40% da população[5].

Sem aceitar a morte da filha e o descarte de seu corpo no mar, a mãe de Josefa entrou em desespero, sendo deixada em Cachoeira. Enquanto isso, seu companheiro e pai de Josefa teve como destino o Porto de Salvador. A negra nupé foi transformada em escrava de ganho e, juntamente com a filha sobrevivente, foi parar no Engenho Novo.

No segundo ano de trabalho no Engenho Novo, a bisavó da nossa protagonista acompanhou a sinhá numa festa na Fazenda Brandão. Boa quituteira que era, vinha sendo requisitada a participar de momentos da família proprietária, diferentemente do que ocorria a outros escravizados do engenho. Na tal fazenda, ela deparou-se com um grupo de escravos da roça, todos amarrados, e identificou dentre eles seu marido, do qual havia sido separada logo depois de chegar. "Aquele é meu

---

[3] MOTA, Iacy Maia. Libertos na mira da polícia: disputas em torno do trabalho na Bahia Pós-abolição. História Social. Campinas-São Paulo, nº 14\15.2008. P.36.

[4] http://www.escravidaoeliberdade.com.br/site/images/8encontro/Textos8/anapaulasilvacruz.pdf

[5] BARICKMAN, B. J. E se a casa-grande não fosse tão grande? Uma freguesia açucareira do Recôncavo Baiano em 1835. Afro-Ásia, nº 29-30. Universidade Federal da Bahia

homem", disse para si mesma. Ambos sorriram de longe, mas sem qualquer gesto ou movimento que desse pistas que se conheciam ou que denunciasse a ligação entre os dois.

Depois da missa, todos cantavam e dançavam o lundu, ritmo trazido pelos escravizados da região de Angola e Congo. Voltando para casa depois de algum tempo, dona Tiolina percebeu que sua escravizada agia de maneira estranha, e um dia a questionou sobre a mudança de comportamento. Ouviu da mulher que ela havia visto o marido dentre o grupo de cativos na Fazenda Brandão, um homem forte e bonito que era usado como reprodutor. Contou que gostaria de terminar a vida ao lado dele e suplicou à sinhá que lhe fizesse essa bondade. Num sábado, dias após o pedido, a senhora informou que iria até Cachoeira. A mãe de Josefa escutou quando a própria Tiolina chamou sua filha. Não escutou o que diziam, mas ao ouvir o grito da menina intuiu do que se tratava. Não gritou, mas o prato que tinha nas mãos no mesmo instante caiu no chão.

Voltando à Fazenda Brandão dois dias depois, a sinhá Tiolina manifestou interesse em adquirir um bom escravo; em troca, ofereceu alguns bois. Quando avistou aquele que acreditava ser o marido da sua escrava, disse que daria tudo por ele, mas logo encontrou certa resistência por parte dos proprietários, que alegavam que aquele era um escravo muito especial. A sinhá olhava para os demais, mas recusava e insistia que queria exatamente aquele. O coronel Aragão, dono da fazenda, seguiu resistindo, enquanto sinhá Tiolina argumentava que suas escravas não eram suficientes e que precisava de um escravizado do sexo masculino. Além do mais, todas as crianças geradas pelo homem eram do sexo masculino.

De acordo com os relatos de Mãe Beata, foi só depois de um longo tempo de conversa que o coronel Aragão começou a ceder. Além dos bois, a sinhá Tiolina teria dado também sal, óleo de lamparina e 500 patacas (dinheiro da época) em pagamento, marcando o fechamento do negócio com uma batida de bengala da senhora no chão. O pai de Josefa reuniu os poucos pertences que tinha e subiu na carroça que transportava os escravos. Quando voltava da compra, a bisavó de Mãe Beata estava ansiosa para ver se, enfim, encontraria seu marido. Ao saber que ele estava na carroça, imediatamente vieram à sua mente lembranças sobre o sequestro na Nigéria, sobre a filha morta na travessia e jogada no mar, e sobre o leilão que havia separado a família. A saudade era imensa, e ela tentava dar conta de tudo isso em um abraço.

Na parte do engenho destinada à senzala, o casal tinha um cômodo de pau a pique coberto com folhas, dentro do qual havia uma esteira, onde dormiam. Durante três dias da semana dormiam juntos, e em outros três ele dormia com as outras escravas da casa, com a finalidade de engravidá-las, afinal era um escravo reprodutor. A sinhá Tiolina lucrou muito com a sua compra, inclusive vendendo escravos para o coronel Aragão.

Mãe Beata relata que seu bisavô teve mais de trinta filhos. Ele, assim como a mulher, morreram praticamente na mesma época. Primeiro ele, e logo depois a mulher. Josefa, a filha sobrevivente que veio da África com os pais, recebeu esse nome por sugestão de sinhá Tiolina, contraiu matrimônio com Idelfonso, nascido no Brasil. Com ele, Josefa, teve 25 filhos, sendo que muitos deles morreram pouco depois do nascimento. As causas das mortes foram doenças comuns à época, como doença de chagas, transmitida pelo barbeiro; febre maculosa, transmitida pelo carrapato, e outras doenças desconhecidas. Dos filhos de Josefa, chegaram à vida adulta Maria da Conceição, Maria do Carmo, Alice, Gregório, Silvestre, Honorato e Rola.

Maria do Carmo, como já dissemos, casou-se com Oscar Moreira, um carpinteiro, união da qual nasceu Beatriz Moreira. Desse universo familiar também fazia parte Mamédio Silva, primo de Oscar. Além de Aderbal — do mesmo casamento de Maria do Carmo e Oscar — Beata teve irmãos de outras uniões de Oscar. O ambiente no qual o casal vivia era constituído por famílias de ex-escravizados, desamparados pela abolição inconclusa de 1888. Idelfonso, o futuro avô de Mãe Beata, demonstrava grande preocupação com a família e trabalhava duro. Era também um homem bastante orgulhoso e altivo, cuja postura era marcada pelo jeito de andar, sempre de cabeça erguida, o que desagradava algumas pessoas. Havia um capataz, de nome Estêvão, que sempre reclamava dele para a sinhá, perseguindo-o constantemente. Como se não bastasse, insinuava-se para Josefa, o que irritava muito Idelfonso.

Esse capataz era o responsável por determinar quem faria o quê no roçado da plantação, uma preparação do terreno utilizando enxadas e foices, às vezes em grupos, às vezes individualmente. Antes mesmo do sol nascer, ele aparecia diante dos escravos ordenando que um subisse nos dendezeiros para pegar o dendê, que outros fossem cortar cana e alimentar as engrenagens do engenho.

Um dia, Idelfonso acordou com os olhos inchados e disse para Josefa que não poderia trabalhar porque estava com sezão, uma febre muito forte, que fazia seu corpo tremer por inteiro. Ela insistiu para que ele fizesse um esforço, pois sabia que sua ausência ao trabalho iria irritar Estevão. Não demorou para que o capataz aparecesse perguntando sobre seu marido. Ela explicou que Idelfonso não estava bem, mas Estevão não quis ouvir, ameaçando que se ele não aparecesse logo iria buscá-lo sob o chicote, instrumento de controle que ele sempre carregava, juntamente com um facão.

Voltando ao marido, Josefa disfarçou o tom e disse a ele que tomasse um chá, pois o capataz viria atrás dele. Idelfonso pegou uma corda, a escondeu debaixo da camisa e saiu pelo quintal, embaixo de um sol quente. Já passava do meio-dia quando o capataz retornou em busca de Idelfonso, sem encontrá-lo. Josefa achava que o marido havia ido para a plantação, mas não. O capataz prometeu colocar outros escravos atrás dele, amarrá-lo no tronco e castigá-lo. Na hora, ela e outras mulheres correram até sinhá Tiolina e imploraram para que ela impedisse o capataz de fazer qualquer coisa contra Idelfonso.

As buscas por Idelfonso duraram a tarde inteira, chegando até o Rio da Murutuba, um curso de águas límpidas. Seguiram procurando mais algumas horas e chegaram numa bacia do Rio Paraguaçu, o Rio Aku, de acordo com Mãe Beata. Foi só na madrugada que se depararam com um corpo dependurado em um pé de ingá. Era Idelfonso, enforcado. Ele havia dito para um amigo que se não pudesse acabar com Estevão, acabaria com sua própria vida.

A morte do marido abalou Josefa, que nunca mais voltou a ter a mesma alegria de antes. A tragédia mexeu muito com ela, que amava e tinha uma forte ligação com o marido. Apesar de declarar que dependia da presença de Idelfonso para seguir a vida, depois de várias semanas a vida foi retomando seu ritmo, mas sem que Josefa voltasse a mostrar o sorriso gigante que sempre esboçava no rosto. Nas horas de descanso, podia ser vista sentada, olhando para o além, como se esperasse a volta de Idelfonso.

O falecimento de Idelfonso fez com que se acentuasse o assédio do capataz a Josefa. Em certa ocasião, ele a mandou, juntamente com outras mulheres, colher tabôa, uma planta que nasce em alagados e é utilizada para fazer cestos e esteiras. No lamaçal havia muitas sanguessugas, o que causava pânico nas escravas, obrigadas a entrar na área alagadiça sem nenhuma proteção. Josefa iniciou o corte das plantas e não demorou a sentir que as sanguessugas grudavam na pele do seu corpo. Apavorada, gritava assustada, mas o capataz mantinha-se indiferente aos seus gritos e aos pedidos das outras mulheres para que ele a socorresse. Na ânsia de se livrar das sanguessugas, Josefa acabou por acertar o facão na própria perna. Mãe Beata se recorda que tinha cerca de nove anos, quando presenciou a chegada de sua avó, carregada por outras mulheres. O ferimento foi tratado com um curativo feito com pó de café e folha de bananeira, aplicado pelas outras mulheres.

Episódios como o acima descrito foram alimentando, tanto em Josefa quanto em Beata, um sentimento de revolta e, na nossa protagonista, também a consciência de que precisaria lutar por ser mulher. Ainda na infância, Beata testemunhara sua avó paterna dormir em cima de um pé de caju porque apanhava do marido. Lembra também de ter visto a avó Josefa apanhar do marido.

Além da violência doméstica, as crianças do engenho estavam sujeitas a outras formas de coerção. Mãe Beata relatou que elas eram obrigadas, pela proprietária do engenho, a participar das missas. Foi nesse contexto que ela descobriu uma mala que a avó guardava, e que pertencera à bisavó de Beata, contendo um crucifixo, pedras, pedaços de ferro, búzios e corais e que era expressamente proibida às crianças. Em uma ocasião ela viu a avó com uma *quartinha* de água do rio, que derramava a água sobre a cabeça e no pé da mesa onde estava a mala, quando Beata olhou no interior da mala encontrou ali os caminhos da sua espiritualidade, o culto dos orixás.

CAPÍTULO III
MENINA DAS ÁGUAS DE CACHOEIRA

Biata, apelido que a acompanhou desde a infância, concebia novas possibilidades de vida para si desde pequena. Era incomum, àquela época, mulheres poderem estudar, mas ela tinha consigo um desejo muito forte por aprender a ler. Antes de acessar a escola, aprendeu muito a partir das tradições de oralidade presentes em sua família e comunidade. Adorava inventar histórias. O termo Biata alude ao diminutivo Bia, de Beatriz. Assim, o apelido Beata nada teve a ver com uma extremada dedicação à Igreja Católica, apesar de ela ter sido batizada, crismada, ter feito a primeira comunhão e sempre ter frequentado missas, como um hábito também das outras famílias.

Para aprender a ler, Beata precisou recorrer ao que tinha pela frente — e não eram livros. Aprendeu as primeiras palavras em jornais velhos usados para embrulhar peixes, algo que conseguia fazer sem chamar a atenção do pai. Seu Oscar dizia que mulher não precisava aprender a ler, pois iria escrever cartas para "arrumar homem". Com o tempo, Beata recorreu também ao Almanaque Biotônico Fontoura. Na verdade, qualquer escrito que chegasse à sua casa, quer embrulhando peixe ou outro produto, ou até mesmo um papel jogado na rua, tornava-se fonte de conhecimento para ela.

As festas de Cosme e Damião na casa de uma tia chamada Alice, famosa pelo caruru, duravam dias. Curiosa, a menina Beata prestava atenção em tudo, das preparações das comidas aos cantos entoados e às histórias que escutava enquanto a mãe penteava seu cabelo com adin, um óleo do dendezeiro. Desde pequena tinha visões, e o que chamava de premonições a assustavam, a ponto dela evitar as pessoas por medo.

Em um dia de muita chuva em Cachoeira, dona Maria do Carmo manifestou o temor de que o marido tivesse morrido, depois de três dias ausente de casa. Beata, contudo, sabia em seu íntimo que o pai estava vivo. Quando Oscar voltou, todo sujo, explicou que tinha perdido o cavalo e que estava daquele jeito por conta da tempestade. O cavalo acabou retornando à casa logo depois.

Todo dia 8 de dezembro, seu Oscar fazia uma festa para Nossa Senhora da Imaculada Conceição. Ele dedicava horas a esculpir a imagem da Santa, imagem esta que, aos domingos, era levada em procissão pelas ruas para arrecadar doações que ajudariam a financiar a festa. Na ocasião da festa, vinha gente dos mais distintos lugares, como Cachoeira e Salvador. A festa ganhava intensidade quando havia a recuperação de algum doente da família ou da comunidade para comemorar, como aconteceu com Adilina, irmã de Oscar, que ficou três meses hospitalizada e voltou para casa após receber alta. Naquele ano a festa preparada por Oscar foi grande mesmo.

Em 1940, Biata, a mãe Do Carmo, o pai Oscar e os irmãos mudaram-se para o Engenho Acutinga, pertencente a um homem chamado Doutor Vilar, onde ficaram até 1943. Em 1949, a família já morava no Engenho da Cruz, onde Oscar também trabalhou como um faz-tudo. Segundo Mãe Beata, o pai tinha a fama de ser o melhor na carpintaria e pintura nessa época em que trabalhava para um senhor chamado coronel Pedro Dutra.

Enquanto os ex-senhores se empenhavam em manter mecanismos de controle, a não submissão a castigos físicos era algo inegociável para os libertos. A posse de algum animal, um pedaço de terra ou até mesmo habilidades técnicas específicas, como a carpintaria, o ofício da costura ou o de ferreiro eram meios de criar alternativas de subsistência dentro e fora dos engenhos.

Um significativo exemplo dessa organização de vínculos é a Irmandade da Boa Morte de Cachoeira, surgida, acredita-se, por volta de 1820, período em que a Bahia enfrentava, há algumas décadas, uma série de conflitos contracoloniais e de fugas, revoltas, rebeliões, e levantes envolvendo escravizados. Composta exclusivamente por mulheres negras, a Irmandade foi um dos núcleos religiosos afro-brasileiros a gestar o Candomblé urbano no Brasil.

Foi ainda em Cachoeira que Beata vivenciou seu primeiro namoro, com Apolinário Costa. O namoro teve início na adolescência, época em que ela o conhecia como Sinhozinho. A história começou num dia em que ele subiu em uma jaqueira, esperou Beata passar e lhe jogou uma pedra, que acertou sua cabeça e a machucou. Ao saber do incidente, Maria do Carmo queixou-se à mãe do rapaz, sinhá Júlia, que prometeu uma surra no jovem travesso. Beata, contudo, recuou e negou que tivesse sido ele, evitando que o rapaz apanhasse. A partir disso, se aproximaram e iniciaram o namoro. Não demorou muito tempo para se casarem, na Fazenda Comprido, onde as duas famílias moravam na época. Nove anos depois, nascia a primeira dos quatro filhos do casal, Ivete.

As águas do Paraguaçu se encontram com o mar na Baía de Todos os Santos, e também margeiam o município de Maragogipe, além de Cachoeira. Por muitos anos o meio usual de locomoção dos moradores foi o navio, conhecido como vapor de Cachoeira, numa viagem de seis horas de duração até Salvador, percurso que a nossa protagonista cumpriu várias vezes. A Baía do Iguape possui uma área total de 76,1 km^2 com profundidades que variam de 5 a 18 metros, formando um ecossistema rico em peixes, crustáceos e moluscos. Atualmente, ainda é fonte de subsistência e meio de sobrevivência para milhares de famílias de pescadores e marisqueiras.

CAPÍTULO IV
BAHIA DE TODOS OS ORIXÁS

Quando se mudou para Salvador, em 1947, Beata ficou sob os cuidados de uma tia, Felícia, e seu marido, Anísio Agra Pereira, o babalorixá Anísio de Logunedé (Logun Edé). Viviam na Travessa Ribeiro dos Santos, próximo ao Mercado das Sete Portas. Antes mesmo de se mudar para lá, ela ia com frequência para a casa de Felícia para aprender a costurar e bordar. Seu Oscar tinha expectativas de que a vida junto aos parentes de Salvador propiciasse uma educação melhor para a filha. Beata trabalhou na casa da família de um homem conhecido como Dr. Eurico, um tipo de serviço que ela vinha exercendo desde o início da adolescência. Na capital baiana, além dessa ocupação teve outras como lavadeira, xepeira e sacoleira.

Beata foi abiã[6] por 17 anos, e pelas mãos de Anísio iniciou um novo caminho espiritual. Ele era o babalorixá da casa que ela frequentava há muitos anos, mesmo a contragosto de seu Oscar, que rejeitava o fato de a filha ser candomblecista. A oposição do pai marcou a relação de ambos no momento em que houve o chamamento para se iniciar

---

[6] A pessoa que entra para o Candomblé.

no Candomblé, quando se exige do iniciante o recolhimento, ou seja, deve-se ficar vários dias recolhido no terreiro.

O primeiro ritual de Beata no Candomblé foi um bori (louvação à cabeça[7]), em 1942, quando tinha 11 anos. Estava no terreiro frequentado por Anísio quando bolou no santo. O babalorixá mandou chamar Oscar em Santiago do Iguape e o informou de que Beata precisaria fazer o santo. O pai opôs-se à ideia, e os dois iniciaram um bate-boca. A mãe de santo de Anísio, Dona Marizinha de Oxum, do Alto de Amaralina, precisou retirar a menina do local até que os dois oponentes chegassem a um acerto. Uma das testemunhas desse episódio foi Luiz Ângelo da Silva, o Ogan Bangbala, de quem Mãe Beata se tornou amiga e esteve próxima até o fim da vida.

Antes mesmo de ter sido iniciada, ela conheceu bem o universo do Candomblé na Bahia, local em que foi conquistando reconhecimento e despertando para o ativismo. Menos de dois anos depois do episódio acima narrado, em 1944, ela assentou os santos. De acordo com Mãe Beata:

> *"Yemonjá queria ser feita com Exu, mas antigamente não se fazia Exu: aí houve um acerto com Yemonjá, aquele acerto de mãe com filho e eu fui feita de Yemonjá."*

---

[7] Toda pessoa entra para o Candomblé, sendo também chamado de filho de santo, após ter passado pelo ritual de lavagem de fio de contas e o bori. Poderá ser iniciada ou não.

E gostava de reverenciar quem esteve por perto naquele momento de sua vida:

> Quem participou do bori que eu dei com meu pai de santo que era muito amigo dele foi meu pai Severiano da Plataforma. O finado Eduardo Ijexá, meu pai Cesário d'Ogum que era meu parente, que era de Cachoeira, colega de meu pai Anísio, Zezé de Iemanjá Ogunté e minha tia Cândida de Oxum, que era irmã de santo de meu pai Anísio.

Devido à oposição e resistência do pai, Beata não se iniciou com o babalorixá e tio Anísio de Logunedé. Sua iniciação só viria a ocorrer em 1956, quando recebeu um segundo nome: Omisami, mãe e madrinha das águas.

O Candomblé possibilitou a Beata construir uma rede de relações na cidade de Salvador e foi por meio dessa rede de conhecimentos que ela conseguiu uma vaga em um curso de cabeleireira e manicure do Senac, que a ajudaria a conquistar sua autonomia financeira mais à frente.

Em 1953 se tornou mãe pela primeira vez, dando à luz a filha Ivete. Oito anos após o nascimento de Ivete, Mãe Beata teve a segunda filha, Doya (Maria das Dores), em 1961, uma gravidez não planejada, justamente em decorrência dos repetidos episódios de violência doméstica que sofria com Apolinário, inclusive traições. Seus outros dois filhos nasceram na mesma década — os últimos anos passados por ela em Salvador —, Adailton nasceu em 1963 e Aderbal em 1965. Durante todo esse período viveu na cidade e manteve o casamento com Apolinário, convivendo também com os tios e com o pai, Oscar, mas sempre buscando sua independência financeira.

No tempo em que era abiã, Mãe Beata fez de tudo: sabia cantar, tinha "pé de dança", o que significa dizer que dançava muito bem as coreografias de cada orixá. Nas palavras dela, "na Bahia tinha aquilo: as meninas que eram criadas ali adquiriam saber", um processo natural e que demanda muita atenção de todos os envolvidos. A caminhada religiosa no Candomblé influencia toda a vida da pessoa, a visão que ela tem do mundo, os sonhos e a sua atuação na sociedade.

Em seus relatos, entrevistas, conversas e falas públicas, Mãe Beata sempre adicionava nomes de pessoas que, de alguma forma, participaram de um determinado episódio — e as informações, nesses momentos, não se apresentavam de maneira cronológica, mas brotavam a partir do que a memória ia trazendo. Ao mesmo tempo, na diáspora, o Candomblé recria o sentimento de pertença dos negros, recria raízes dessa nova família que é a comunidade de terreiro. A comida, os cantos, as plantas são resistências de uma cultura, como falou Lúcia Xavier[8] em um seminário do Ilê Omiojúàrô, em 2011. Comprar o carvão, o dendê, acender cachimbo, buscar água na cabaça, tarefas que geravam muito conhecimento para ela, que considerava sagrada essa rede de axé onde era criada.

---

[8] Fundadora da ONG Criola, de mulheres negras e ekédi do terreiro Ilê Omiojúàrô

Em depoimento ao jornalista Haroldo Costa, para a escrita de uma biografia sobre sua vida, Mãe Beata declarou que:

> *Minha consciência de militante floresceu também nessa época. A luta contra a desigualdade social, que sempre existiu e que ainda hoje é uma grande mazela. A questão racial, que nos aflige e ofende. A falta de ética dos políticos, o descaso do poder público em muitas questões essenciais, tudo isso passou a me preocupar, fazendo parte do meu dia a dia. A partir daí não tive medo do enfrentamento que minhas posições causaram, minhas armas passaram a ser minha palavra, meu corpo e minha voz* (COSTA, 2010, p. 72).

Durante o casamento com Apolinário Mãe Beata vivenciou muitas dificuldades, de agressões físicas e psicológicas praticadas pelo marido a dificuldades econômico-financeiras que a impediam de cobrir todas as necessidades dos filhos. Acompanhando a grave situação em que vivia, uma amiga, chamada Dadá, propôs levar Beata ao terreiro da famosa Mãe Olga do Alaketu, a mãe de santo do terreiro Ilé Maroiá Láji[9], mais conhecido como Terreiro do Alaketu, aberto por Otampê Ojarô (nome civil, Maria do Rosário), uma descendente da Família Real do antigo Reino de Ketu.

Mãe Olga não era uma desconhecida para Beata, que resistiu à proposta da amiga: — Não quero, não. Ela é muito besta, muito metida.

---
[9] https://www.geledes.org.br/terreiro-do-alaketu/

A tia-avó dela, Mãe Dionísia, é quem cuidava da mãe de santo de meu Pai Anísio — alegou Beata. Mas foi a partir da ida ao Terreiro do Alaketu que tudo começou a mudar para ela.

— *Dadá, traga aqui essa menina que você trouxe* — exigiu dona Olga. Beata, que estava perto de completar 25 anos, não gostou de ser chamada de menina, mas ainda assim obedeceu e se aproximou. A ialorixá do Alaketu, tão logo começou a falar, parecia saber de toda a sua vida. Olho no olho, na hora Beata escutou de dona Olga uma pergunta sobre o marido e logo depois ouviu a ordem para que ela levasse Apolinário ao terreiro.

Na breve conversa, ela ainda conseguiu acrescentar a informação de que era abiã de Pai Anísio. Ensaiou pegar um dinheiro na bolsa para pagar o atendimento, mas Mãe Olga interrompeu seu gesto, falando que não tinha pedido nenhum dinheiro. Em seguida, pediu que lhe trouxessem uma garrafa com abô, banho feito com ervas, usado para purificação, e a entregou a Beata, instruindo-a a tomar aquele banho durante três dias seguidos. E ainda lhe deu dinheiro para comprar alguns dos materiais que precisaria para fazer um ebó.

Apolinário consentiu em ir ao terreiro, o que ocorreu num domingo, cinco dias depois da primeira visita de Mãe Beata. Quando Mãe Olga fez a iniciação de Beata, deu-se o que se chama, no Candomblé, de "barco de Iaô, isto é, além de Beatriz outras oito mulheres (uma delas grávida, cujo filho nasceu durante a iniciação) foram reunidas pelo terreiro para cumprir o período de recolhimento, ao fim do qual se tornam filhas de santo, iaô.

Em 26 de junho de 1956, Mãe Beata de Yemanjá foi iniciada por Mãe Olga do Alaketu no Ilê Maroiá Láji, localizado no bairro de Matatu de Brotas, na cidade de Salvador. As duas tornaram-se grandes amigas.

Ainda enquanto vivia em Salvador, Beata fez cursos de teatro amador e participou de grupos folclóricos. O casamento com Apolinário durou pouco mais de duas décadas, entre idas e vindas. Ele era um homem "seco", que raramente demonstrava afeto pelos filhos, com exceção de Doya, com quem foi bastante carinhoso em sua infância. Os demais, recebiam amor e carinho apenas da mãe. No ano de 1969 ela finalmente se separou do marido e se mudou para o Rio de Janeiro em busca de melhores condições de vida para si e os quatro filhos. Sua decisão foi fortemente apoiada pela sua família de santo.

Antes da mudança definitiva para o Rio de Janeiro, Beata já havia estado anteriormente em terras fluminenses, numa ocasião em que fora convidada pelo babalorixá Tião de Irajá para participar do Oludumare, um grupo de dança folclórica fundado na capital baiana. À época, seu casamento passava por um período de muitas brigas com o marido, e o grupo a ajudou a suportar aquelas fases de dificuldades e estresse. As apresentações iniciais do grupo folclórico ocorreram no Teatro Castro Alves, em Salvador, mas quando surgiu a oportunidade de se apresentarem no Rio de Janeiro, Mãe Beata não titubeou e decidiu acompanhar o grupo, deixando os três filhos mais novos sob os cuidados da filha mais velha, Ivete. A notícia não foi bem recebida por seu pai, seu Oscar, e a barra entre eles pesou. Quem a ajudou a viabilizar a viagem, fornecendo o dinheiro para a passagem, foi o próprio Tião de Irajá.

Em terras fluminenses, a baiana de Santiago do Iguape contou com a acolhida de vários conterrâneos que já se encontravam há mais tempo em praças cariocas e a ajudaram, de diferentes formas, a criar condições para estabelecer residência no estado. Entre esse grupo havia expectativas de que Beata viria a se tornar uma ialorixá num futuro breve. Foi morar em Copacabana, no apartamento de Diza Santiago. Quando ia visitá-la, Mãe Olga de Alaketu sempre repetia que viver em apartamento não funcionaria para Beata. A partir da rede de conhecidos e amigos que foi criando na cidade, conseguiu um emprego na TV Globo, começando como figurante, para logo depois ter a carteira de trabalho assinada como costureira de figurinos. Quando se mudou para o Rio em definitivo, no ano de 1970, trouxe os três filhos mais novos. Ivete já estava casada e continuou vivendo em Salvador, só se transferindo para Miguel Couto, na Baixada Fluminense, mais tarde.

CAPÍTULO V
BAÍA DA GUANABARA

Quando chegou ao Rio de Janeiro, no final de 1969, depois de se separar do marido e tendo deixado os filhos em Salvador, Mãe Beata só contava com o apoio dos amigos do axé e a coragem para iniciar nova vida em um outro estado. Mas, tudo em que pensava era garantir o futuro da família. Morou em Irajá, na Zona Norte do Rio, e depois no Horto, bairro da Zona Sul, na Rua Marquês de Sabará, antes de seguir para Copacabana e conseguir trazer os filhos na década de 1970.

    Foi nessa época que teve contato com o movimento negro organizado. Durante entrevista para o Movimento Negro Unificado do Rio de Janeiro[10], em ocasião em que a organização estava refazendo o cadastro de seus filiados, ela narra um episódio curioso acerca dos encontros que a vida proporciona e que, muitas vezes, só vão fazer sentido mais tarde. No período em que morou em Copacabana, Mãe Beata era muito ajudada por uma irmã de santo com posses: Diza Santiago, filha de Oswaldo Santiago, fundador do que hoje conhecemos como ECAD - Escritório Central de Arrecadação e Distribuição[11]. Morando na Barata

---

[10] https://www.youtube.com/watch?v=kFMn_564cNw
[11] http://www.ubc.org.br/ubc/historia

Ribeiro, Beata trabalhava dia e noite — quando terminava o expediente na TV Globo, emendava em faxinas ou ia trabalhar num salão de beleza como manicure, tendo atuado também no Salão Veludo, que pertencia a uma mulher conhecida como Madame Vera de Ogum.

A família Santiago ia com frequência para a Ilha de Paquetá, na Baía de Guanabara, nos fins de semana e, numa dessas idas, Mãe Beata os acompanhou. Era uma sexta-feira, e na barca que fazia o trajeto para a ilha ela encontrou a militante e acadêmica Lélia Gonzalez. Lélia, que nos anos seguintes se tornaria uma das mais importantes ativistas dos movimentos negro e de mulheres negras, comentou sobre a fundação do Movimento Negro Unificado Contra a Discriminação Racial, que havia ocorrido em julho daquele ano (1978), mas sem se estender muito na conversa.

Tempos depois, uma cigana que vivia perto da casa de Mãe Beata, em Copacabana, na Rua Barata Ribeiro 270, recebeu para atendimento uma cliente que era filiada ao movimento. Ao comentar sobre a filiação, foi logo surpreendida por Mãe Beata, que contou sobre seu encontro, a caminho de Paquetá, com Lélia. A mulher, então, convidou Mãe Beata a se filiar. Era 1978, mesmo ano da fundação do MNU.

No livro *Mãe Beata de Yemonjá: guia, cidadã, **guerreira***, escrito por Haroldo Costa, Mãe Beata relata um inesperado encontro com Roberto Marinho, o poderoso dono da TV Globo, durante o período em que lá trabalhava. Na ocasião, o elevador privativo que Marinho utilizava encontrava-se em manutenção e ele entrou no elevador em que Beata estava. Ela, sem se intimidar, apresentou-se, dizendo seu nome e sobrenome, e ainda complementou que era conhecida como Baiana.

— Seu Roberto, sem a gente a Globo não funciona, né?
— Claro que não, minha senhora.

Juju, a amiga que estava com ela no momento, assustou-se e temeu que fossem demitidas. Quando contou o ocorrido para a própria chefe e outras colegas do departamento, onde trabalhou por 11 anos, todas ficaram impressionadas com sua ousadia.

Mãe Beata morou também no subúrbio de Realengo, no Conjunto Habitacional Capitão Teixeira, numa fase complicada de sua vida, como sempre lembrava. Sofreu um infarto e ficou afastada do trabalho, "encostada" pelo, à época, INPS - Instituto Nacional de Previdência Social. Em um desses dias acordou e viu que não tinha nada para dar de comer às crianças. Arrumou-se e saiu para trabalhar na Globo, cujas gravações, na época, ocorriam no Teatro Fênix, no bairro do Jardim Botânico, situado a quase três horas de distância de sua casa. No outro dia, como ela descreveu, havia pão e café para as crianças, mas, sem o dinheiro da passagem para ir trabalhar no dia seguinte, resolveu tomar banho e ir dormir, ainda imaginando como iria deixar os filhos naquela situação.

Ao dormir, sonhou com Xangô. Nas palavras dela:

Eu sonhei que chegava aquele homem perto de mim e disse assim:

— *Você está triste?*

Eu disse: Estou.

— *Fique não! Apanhe uma panela bote no fogo. Bote folha de louro dentro, ou qualquer folha e deixe fervendo e não apague o fogo. Deixe lá e ninguém vai saber que você não tem o que comer e vai aparecer a comida. Tá entendendo?*

Ela se levantou e bebeu água. Tinha que sair de casa às 4h20 da manhã para pegar o trem na estação de Realengo, mas tornou a cochilar e a sonhar:

E o homem dizia: Bota a panela no fogo.

Eu dizia assim: Ah, como é que eu vou botar a panela no fogo se eu não tenho comida.

Por fim, levantou-se e decidiu que levaria falta no trabalho, mas não iria sair e deixar os filhos com fome. Ficaria com eles. Até pensou em ligar para um amigo que morava no Jardim Botânico, na casa de uma família para quem costurava e fazia faxina, mas desistiu. Saiu à rua e encontrou a baiana Maria do Tempero armando sua barraca. A mulher lhe arrumou um pouco de dinheiro, suficiente para comprar pão, que serviu aos filhos acompanhado com chá de erva cidreira. O sonho, porém, não lhe saía do pensamento.

Depois de se questionar se deveria ou não pôr a panela no fogo, ela resolveu seguir as determinações do sonho. Juntou água, algumas folhas de louro, alguns talos, e logo a panela, pegando pressão, começou a chiar, espalhando o cheiro de louro no ar. Uma vizinha sentiu o cheiro de longe:

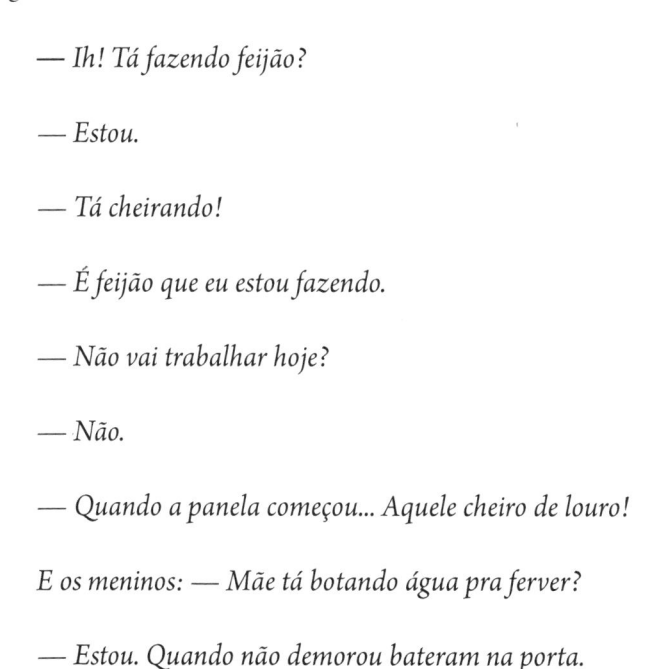

— *Ih! Tá fazendo feijão?*

— *Estou.*

— *Tá cheirando!*

— *É feijão que eu estou fazendo.*

— *Não vai trabalhar hoje?*

— *Não.*

— *Quando a panela começou... Aquele cheiro de louro!*

E os meninos: — *Mãe tá botando água pra ferver?*

— *Estou. Quando não demorou bateram na porta.*

Era o amigo José Lopes, do Axé Opo Afonjá[12]. Ele entrou, pediu a benção e deu notícias sobre o seu Lobo, conterrâneo de Mãe Beata com quem costumava andar:

> — Eu vim aqui a mando de seu Lobo. Seu Lobo sonhou com você. Xangô disse a ele que a mãe dele tava passando necessidade e que ele contasse duas vezes o número 12 e desse a essa mulher para ela fazer compra pra dentro de casa. Ele aí foi perguntar a Ossain e a Exu. Eles disseram que era você e eu vim trazer.

Seu Lobo lhe mandara 24 cruzeiros, quantia que permitiu a Beata fazer as compras para quase um mês. Naquele dia, ela fez comida para os meninos e saiu para trabalhar à tarde para não perder o expediente na TV.

Aderbal, o filho mais novo, conta que muitas vezes a carne que compunha a refeição era dada por Exu, quando Beata e os filhos compartilhavam da alimentação da oferenda para Exu. As crianças chegavam a chamar Exu de *vôinho*, por conta da aproximação e do compartilhamento da vivência entre eles e o orixá. Na mesma entrevista[13] em que Aderbal fez tal afirmação, Mãe Beata reiterou o quanto Exu é presente e rico de sentidos para a vida: "que as pessoas nunca tenham vergonha de usar seus torsos na cabeça, botar suas contas no pescoço

---

[12] Terreiro fundado na Pedra do Sal por Mãe Aninha em 1896, atualmente localizado em Coelho da Rocha (RJ) e liderado por Mãe Regina Lúcia.

[13] https://www.youtube.com/watch?v=tcO7fN_19kY

e ir pra rua dizer eu sou do Candomblé, o dia que eu pensar em negar minha verdadeira identidade, eu prefiro que Yemanjá e Exu me levem".

Doya, outra filha, lembra que quando era pequena ela e os irmãos recebiam muitos ensinamentos acerca da autoestima da negritude. Mãe Beata sentava os filhos no colo e penteava seus cabelos, enquanto repetia, "você é uma rainha, seu cabelo é lindo", e fazia tranças quando as filhas não queriam ficar com o cabelo grande.

Quase dez anos depois de sua chegada ao Rio, Mãe Beata vendeu o apartamento do Conjunto Habitacional em Realengo, em 1980, seguindo uma recomendação de Olga do Alaketu, e foi morar numa casa em Nilópolis, na Avenida Mirandela — bem no centro da cidade. Mãe Beata estava quase se aposentando e dona Olga queria lhe entregar o cargo de mãe de santo.

Porém, as dificuldades ainda não tinham cessado de todo. Uma chuva forte inundou a casa da família, com a água chegando a quase dois metros de altura. Tudo o que a família tinha se perdeu. Na época, Adailton, que também trabalhava na Globo, tinha recentemente comprado móveis, que se perderam na tempestade. Ela e os filhos foram salvos pelo Corpo de Bombeiros e tiveram de se abrigar na casa de uma tia chamada Delinha, situação que não se sustentou por muito tempo.

Mãe Beata em sua casa, dias antes de falecer, ao conceder entrevista à Agência France-Press, em 16 de maio de 2017 (YASUYOSHI CHIBA).

Uma colega de trabalho emprestou um dinheiro para que Beata pudesse comprar uma casa em outro lugar, o que foi suficiente para dar o passo apontado por Mãe Olga: *"Pode deixar pra lá suas badernas, que isso acabou".* Em 1985, com a ajuda de muitos, começou a funcionar o Ilê Omiôjúàrô - Ilê (Casa) Omi (água) Oju (olho) Arô (nome ancestral dos caçadores): a Casa das Águas dos Olhos de Oxóssi. O orixá fundador do Terreiro de Mãe Beata é Oxóssi, o mesmo do terreiro da matriarca descendente da realeza de Ketu.

PARTE II
Beata, a mãe do mundo

CAPÍTULO VI
AS ÁGUAS DOS OLHOS DE OXÓSSI

O Candomblé refunda as comunidades que a diáspora separou, reconstrói laços, numa família não consanguínea, mas da coletividade. Por exemplo, pessoas que são iniciadas juntas são chamadas irmãos e irmãs de barco, reforçando esse sentido familiar. O professor emérito da Universidade Federal do Rio de Janeiro, Muniz Sodré, afirma[14] que os terreiros se constituem como focos da resistência cultural negra, ao mesmo tempo em que funcionam como polos de difusão de informações e trocas de saberes, que muitas vezes não são reconhecidos por classes dominantes.

Muitos dos primeiros terreiros do Rio de Janeiro, estavam localizados na área central da então capital federal, mas devido a vários processos de urbanização e de segregação espacial, a partir da década de 1960 esses espaços sagrados de religiosidade afro-brasileira viram-se compelidos a se instalar em regiões mais distantes e vulneráveis, caso da Baixada Fluminense. Essa migração decorreu também da necessidade de terrenos maiores, com proximidade à natureza e dotado de certos recursos naturais, vitais no culto aos orixás.

[14] SODRÉ, M. O terreiro e a cidade. Petrópolis: Vozes, 1988.

Durante as décadas de 1970 e 1980, Mãe Beata voltou várias vezes a Salvador, para cultivar os laços com o Terreiro do Alaketu e, principalmente, com Mãe Olga, a quem dona Maria do Carmo, falecida em 1958, havia tutelado a criação da filha. Manteve idas frequentes também a Cachoeira, tanto para visitar os parentes como para cumprir obrigações religiosas.

Depois de morar em vários bairros do Rio, o recanto final de Mãe Beata seria em Miguel Couto, Nova Iguaçu, a cidade mais populosa da Baixada Fluminense, atualmente com quase 800 mil habitantes. O terreiro mesmo só foi aberto em 1985, quando ela estava prestes a se aposentar do trabalho na TV. Até conseguir reunir todas as condições para a abertura do espaço, passaram-se muitos anos. Nesse processo, Adailton teve que obter uma licença na 52ª Delegacia de Polícia para a prática pública do culto aos orixás.

A abertura da casa trouxe para Mãe Beata uma consciência mais aprofundada sobre a necessidade de prezar pela natureza, bem como também muita responsabilidade, pois tinha que cuidar dos ritos, acolher filhas e filhos de santo, e sem descuidar do desenvolvimento do trabalho comunitário. Nos primeiros anos de funcionamento da casa, alguns filhos de santo que moravam com a família de Mãe Beata, dormiam no barracão com a ialorixá e seus três filhos mais novos.

Mãe Beata costumava repetir que foi gestada na Bahia e parida na Baixada Fluminense. E assim afirmava, porque foi nesse novo território que se sentiu completa. Ali se sentia em casa, e mesmo com o abandono do local por parte do estado, não deixou de cultivar o amor pela periferia do Rio de Janeiro.

É comum que terreiros existam próximos uns dos outros, formando uma comunidade. Segundo o historiador Luiz Antônio Simas, em entrevista concedida para este perfil biográfico, o Ilê Omiojúàrô, que até o início da década de 1990 tinha cerca de 40 filhos de santo, foi um dos que melhor cumpriu o papel de ponto de cultura, a partir da perspectiva implementada por Gilberto Gil quando foi ministro da Cultura. Aderbal, filho mais novo de Mãe Beata, tornou-se o responsável por essa interlocução com órgãos como a Fundação Palmares e pelo sucesso do terreiro como ponto de cultura. Nas gestões de Lula e Dilma Rousseff, políticas públicas da área cultural contemplavam um entendimento mais amplo de um ponto de cultura, que não era necessariamente limitado apenas a teatros, auditórios ou salas de música. O Ilê Omiojúàrô é essa cultura na prática, onde a cultura se produz e acontece.

Quando chegaram na rua Francisco Antônio do Nascimento, em Miguel Couto, havia duas valas de esgoto a céu aberto, e no terreno onde seria construído o barracão só havia uma árvore, uma paineira, que foi preservada na época a pedido da ialorixá. As plantas, sobretudo algumas ervas e árvores, fazem parte da essência do Candomblé e por isso estão sempre muito presentes nos terreiros, quer em vasos de cerâmicas, quer no solo, quer nas paredes. Elas são sagradas e devem ser preservadas e cuidadas. De vários tipos, a cada orixá é atribuída uma planta.

Daí, também, desse cuidado do que é parte de si, nasceu a preocupação da matriarca do Ilê Omiojúàrô com as questões climáticas.

A construção do terreiro foi iniciada com a doação de tijolos quebrados por parte de uma olaria. Primeiro foram construídas as casas dos santos, nas quais Mãe Beata viveu com os filhos até que a moradia da família ficasse pronta. Quando viveu em Realengo também passou por similar experiência de coabitação. O apartamento tinha dois quartos, um onde a família dormia, enquanto o outro era destinado aos orixás.

O Ilê Omiojúàrô - Casa das Águas dos Olhos de Oxóssi foi inaugurado em 20 de abril de 1985, com a presença de Mãe Olga do Alaketu. Já nos primeiros anos, o terreiro em Miguel Couto sediava eventos importantes para a cultura afro-brasileira, como o III Encontro Regional da Tradição dos Orixás, realizado no dia 15 de novembro de 1987, que reuniu praticantes das diferentes vertentes do culto, como Ketu, Efon, Jeje e a Umbanda, contra o racismo religioso e a marginalização da religião. O encontro foi uma etapa preparatória para a primeira Conferência Estadual das Tradições dos Orixás, cuja realização foi partilhada com o Ilê Omolu Oxum, terreiro de Mãe Meninazinha de Oxum, localizado em São João de Meriti.

O projeto "A Tradição dos Orixás" foi uma aliança entre lideranças dos cultos de matriz africana e do movimento negro pela preservação dessas religiões e para elaborar ações de reação contra os ataques das igrejas neopentecostais. Templos e lideranças dessa denominação evangélica adotaram um discurso em tom de batalha espiritual, ocupando espaços na política e no cotidiano das cidades. Os organizadores da iniciativa foram Jayro Pereira — baiano, fundador do Instituto de Pesquisa e Estudos da Língua e Cultura Yorubá —, Gésia de Oliveira — historiadora —, e Mãe Regina Lúcia, ialorixá do Opô Afonjá, situado em Coelho da Rocha.

Matéria sobre a dificuldade de manter o Instituto no terreiro, que oferecia atividades para crianças e adultos moradores de Miguel Couto tais como cursos e palestras sobre saúde. Jornal *O Globo.*, abril de 1991.

Atividades como eventos e cursos nunca deixaram de ocorrer no Ilê Omiojúàrô. Por exemplo, em 1994 Mãe Beata deu início a ações como o Projeto *Ação e Viver* e o *Fórum de Debates: Cidadania e Violência*; no ano de 1998, o projeto Comunidade Solidária, com apoio do Governo Federal, ofereceu capacitação em informática e percussão, alcançando jovens de várias comunidades de terreiro da Baixada. No auge da campanha Natal Sem Fome, liderada por Betinho e a ONG Ação da Cidadania, ela atuava como multiplicadora.

Quando o Ilê Omiojúàrô completou 15 anos, em 2000, o terreiro passou por uma intensificação das atividades socioculturais. Naquele mesmo ano teve início a realização de oficinas sobre a cultura afro-brasileira e o Candomblé, principalmente, em escolas e faculdades, além de eventos abertos a visitantes. Também no mesmo ano gravaram um disco de cantigas de orixás. Não raramente, tais atividades, que tinham o propósito de conscientizar sobre cidadania e garantia de direitos, envolviam outros grupos étnicos, como indígenas.

Aos 81 anos, durante uma entrevista para a TV Câmara[15] do Rio, Mãe Beata de Yemanjá reverenciou, como fez outras vezes, a contribuição dos povos indígenas para a constituição da religiosidade afro-brasileira. "Nós somos afrodescendentes, então aqui nós temos os *índios*, temos os caboclos que já existiam antes dos africanos chegaram ao Brasil. Esse negócio de dizer que o Brasil era desabitado, não, e os *índios*? Nós devemos respeito a eles. Eu acho que é uma família, tornou-se uma

---

[15] https://youtu.be/WsQoAnsCgO4

família com mais força para nós chegarmos aonde estamos. Até com os jejes, haussás, os fons", argumentou sobre a complexidade do Candomblé. Durante a Jornada Mundial da Juventude, em 2013, foi anfitriã de um encontro com grupos de jovens no terreiro.

O terreiro de Mãe Beata foi tombado como Patrimônio Cultural, em 2015, pelo Instituto do Patrimônio Histórico e Artístico Nacional (IPHAN), ocasião em que recebeu o Prêmio Rodrigo Melo Franco de Andrade.[16, 17] De acordo com o IPHAN, o prêmio prestigia, em caráter nacional, ações de preservação do patrimônio cultural brasileiro que, em razão de originalidade, vulto ou caráter exemplar, mereçam registro, divulgação e reconhecimento público. O tombamento é importante, principalmente, como proteção do espaço do terreiro contra intervenções que afetem a liberdade de culto e para garantir a preservação do Ilê Omiojúàrô.

No terreiro, Mãe Beata deu continuidade ao que experienciou ao aderir à comunidade de santo, ensinando os mais novos e acreditando no futuro como um caminho a ser trilhado pelas novas gerações. A todos que a procuravam buscando seus conselhos e sua visão do mundo, Mãe Beata de Yemanjá foi sempre muito atenta, na escuta e na fala. Uma percepção enriquecida de muitos caminhos que culminaram nos olhos de uma das mães de santo mais populares do Brasil.

---

[16] https://youtu.be/rg4cR-dST-U

[17] https://extra.globo.com/noticias/rio/terreiro-da-mae-beata-de-iemanja-na-baixa-da-fluminense-vira-patrimonio-cultural-17809815.html

Calendário de festas do Ilê Omiojúàrô

Oxóssi - abril

Irôko, Airá, Xangô e Yemanjá - junho

Boiadeiro Navizala - primeira semana de julho

Olubajé e Ogum - agosto

Yabás - setembro

Oxalá - outubro

Ao ser questionada, na entrevista para o *Voz da Baixada*, sobre o que era o Candomblé para ela, Mãe Beata assim respondeu:

> *"É a minha vida, o ar que eu respiro. É a água que eu bebo, é a minha fala, a minha voz, as minhas lágrimas. É o que sinto quando vejo meus adolescentes, meu povo do morro, das favelas, nosso samba. Eu sei que é cultura, mas não vejo nossa negra na frente dando tudo que tem que dar. É os meus olhos, é a íris dos meus olhos o Candomblé. Eu não sou fanática, eu tenho amor a esses deuses que tudo nos dá e nada nos cobra."*

CAPÍTULO VII
MULHER NEGRA

Durante o período da ditadura militar, Mãe Beata já trazia a militância em si. Sua principal preocupação era manter os filhos vivos, saudáveis, conseguir trabalhar e garantir o sustento da casa. Ela costumava afirmar que Oxóssi era seu marido, era quem colocava comida no seu prato. Como podemos notar em diferentes episódios, com o passar dos anos ela iria cada vez mais situar-se na luta social, em consonância com sua função sacerdotal.

Mãe Beata sempre se afirmou uma ativista e, nessa trajetória, alguns marcos são muito importantes no seu legado. Nos anos 1980 ela se engajou na conscientização sobre a Aids, e nos anos 1990 inseriu-se no debate ambiental, que atualmente é pautado como mudanças climáticas. Na Rio-92, a Conferência das Nações Unidas para o Meio Ambiente e Desenvolvimento, teve papel protagonista na conexão entre as lideranças religiosas e os militantes em defesa da terra. Antes dela, outras mães de santo defenderam os direitos e a liberdade de cultos de matriz africana, como é o caso de Mãe Aninha, fundadora do famoso terreiro Ilê Axé Opô Afonjá, que na década de 1930 foi ao Rio de Janeiro cobrar do presidente Getúlio Vargas a garantia de que os terreiros de Candomblé não fossem mais atacados pela polícia, e Tia Ciata e sua Pequena África no Centro do Rio, cujo terreiro, na Praça Onze, no início do século XX recebia os negros vindos da Bahia e os abrigava até conseguirem um emprego. Lugares que, assim como o Ilê Omiojúàrô, cumprem papel social e cultural, além do religioso.

A ialorixá de Miguel Couto foi integrante do Conselho Estadual dos Direitos da Mulher (CEDIM), conselheira do IPEAFRO (Instituto de Pesquisas e Estudos Afro-brasileiros) e do MIR (Movimento Inter-Religioso). Desenvolveu um trabalho que consistia em visitar pessoas soropositivas nos hospitais, o projeto Arca, juntamente com Betinho, com quem também atuou no MIR e no comitê interreligioso da campanha da Ação da Cidadania.

Em 1982, participou do Encontro Nacional da Tradição de Cultos Afro-brasileiros, organizado por Mestre Didi no Axé Opo Afonjá. Nesse encontro, Mãe Beata e outros atores sociais contribuíram para levantar o debate sobre a importância de o Movimento Negro se pautar também pelas tradições africanas, para além das bases de organização da esquerda trotskista.[18] A luta política consistia na visita a terreiros, nos quais eram promovidos debates sobre a perseguição ao Candomblé, denúncias de casos e, a partir disso, a formação política. De certo modo, até mesmo na esquerda era um embate a reivindicação da tradição do Candomblé, antes do aspecto sociocultural e racial os líderes brancos enxergavam apenas a religião.

---
[18] https://br.boell.org/sites/default/files/caderno_religiao_e_politica_lucas_de_deus_boll_brasil_.pdf

Uma preocupação recorrente de Mãe Beata era a questão à volta de como os saberes presentes nos terreiros podiam ser transmitidos para as escolas. Em 31 de agosto de 1989, Mãe Beata, Jayro Pereira, — articulador da iniciativa Tradição dos Orixás —, Mãe Meninazinha de Oxum e Pai Adailton foram até Brasília entregar o Dossiê Guerra Santa Fabricada ao então subprocurador-geral da República, Cláudio Lemos Fonteles. O dossiê foi elaborado a partir de reportagens em periódicos acerca das violências das igrejas contra terreiros, principalmente em Duque de Caxias, e serviu como ferramenta para mobilizar terreiros de outros estados a fazer denúncias ao Ministério Público Federal.

Além da coação sofrida durante o regime militar (1964 – 1985), as religiões de matriz africana foram alvo de várias outras formas de perseguição, principalmente por parte de grandes conglomerados neopentecostais, como a Universal do Reino de Deus, que se vale de meios midiáticos para demonizá-las e até mesmo da prática de agressão física aos terreiros.

Nesse mesmo movimento, Mãe Beata ajudou no processo de reconhecimento de ialorixás e babalorixás, e os mais velhos como um todo, serem vistos como fonte e referência de conhecimento, fundamental para compreensão de uma sabedoria milenar. Um exemplo nítido de fruto desse empenho é o artigo 215 da Constituição Federal de 1988:

Art. 215. O Estado garantirá a todos o pleno exercício dos direitos culturais e acesso às fontes da cultura nacional, e apoiará e incentivará a valorização e a difusão das manifestações culturais.

§ 1º O Estado protegerá as manifestações das culturas populares, indígenas e afro-brasileiras, e das de outros grupos participantes do processo civilizatório nacional.

Notícia do Correio Braziliense em 1/9/89 sobre a ida de Mãe Beata e Mãe Meninazinha à Procuradoria Geral da República.

Em 1991, Mãe Beata recebeu da Assembleia Legislativa do Estado do Rio de Janeiro um diploma de personalidade de destaque da comunidade negra, por sua militância e contribuição para a dignidade e resistência da população negra. No ano de 1992 deu início ao InDec, Instituto de Desenvolvimento Cultural do Ilê Omiojúàrô, onde desenvolveu vários projetos sociais no bairro de Miguel Couto e elaborou agendas que possibilitaram o diálogo com organizações da sociedade civil, dentre as quais a ONG Criola, de mulheres negras. Nos anos de 1997 e 2005 ela publicou livros, expandindo o universo do terreiro para além dos quintais de Candomblé pelo Brasil e, principalmente, pela Baixada Fluminense. Um outro livro foi escrito em coautoria com Jurema Werneck, médica e fundadora da Criola: *O livro da saúde das mulheres negras* (2000). Segundo Jurema, Mãe Beata, nesses espaços, sempre foi como um farol, mostrando o que precisava ser observado. Desde então, Mãe Beata seguiu ativa em reuniões de movimentos em prol de populações marginalizadas.

Durante a conferência ECO-92, organizou uma vigília com representações de várias religiões, que ocupavam diferentes tendas. Mãe Beata estava à frente da tenda das religiões de matriz africana. A dinâmica da ação consistia em todas as lideranças e representantes das religiões saírem de suas tendas em momentos específicos para uma celebração conjunta, reunindo elementos dos distintos cultos ali presentes. Essas atividades ocorreram na primeira quinzena de junho de 1992 e reuniram uma média de 25 mil pessoas, como conta Rubem César Fernandes, fundador da ONG Viva Rio.

Sua liderança a partir do Ilê Omiojúàrô encontrou outras conexões com atores sociais de diversos campos de atuação, o que a impulsionou, como a ONG Viva Rio e o ISER (Instituto de Estudos da Religião e Sociedade), com os quais organizou fóruns globais sobre religiões. No ISER, encontrava eco para suas ideias sobre as questões ambientais, atuação que se desdobrava, por exemplo, na participação nas festas de Santa Sara, da comunidade cigana, realizada todos os anos no Arpoador, na zona sul do Rio.

Mãe Beata defendia que todos deveriam se envolver nas discussões sobre a questão da proteção das águas, das matas, da Amazônia, do rio São Francisco, partindo do princípio de que sem natureza não há orixá. Para ela, orixá é amor e vida, e ao destruirmos a natureza, estamos matando a nós mesmos.

Vale destacar que o bairro de Miguel Couto, onde viveu Mãe Beata e onde está localizado o Ilê Omiojúàrô, não está alheio ao contexto de desigualdades que caracterizam a Baixada Fluminense. Pelo contrário, o município de Nova Iguaçu, com seus cerca de 800 mil habitantes, assim como outras cidades da região, ainda é muito marcado pela falta de saneamento básico e pela violência, muitas vezes partindo do Estado. Contudo, a região também abriga muitos dos terreiros tradicionais do Rio de Janeiro, com sua população e riqueza natural contrastando com a precariedade dos serviços essenciais, a falta de acesso a bens de consumo, mas lugar onde nascem inovadores saberes intelectuais e artísticos.

Juntamente com Betinho e o MIR, Mãe Beata organizou o lançamento da Campanha Ação da Cidadania contra a Fome e a Miséria e Pela Vida, em 1993. A campanha, além de um marco no diálogo inter-religioso, era um reflexo do ISER em si, congregando protestantes, católicos e intelectuais. No ano seguinte, Mãe Beata participou de um ato promovido pelo ISER na Praia do Arpoador, no qual estavam também Rubem César, Betinho, e representantes do espiritismo e do Hare Krishna. Uma foto feita na ocasião ficou conhecida como marco do diálogo inter-religioso.

Fonte: FERNANDES, Clemir. Memórias, ações e perspectivas do movimento inter-religioso do Rio de Janeiro. Comunicações do Iser. Rio de Janeiro, Iser, n.63, 2010.

Outro momento singular no qual Mãe Beata de Yemanjá marcou presença foi a abertura do Rock in Rio de 2001, na tenda *Por um mundo melhor*. Em 2002, iniciou o projetoAtó Ire, voltado à saúde e direitos das mulheres negras, com o dentista e ogan José Marmo, e o Oku Abó, uma iniciativa voltada ao debate ambiental, com a Secretaria de Cultura de Nova Iguaçu. Abaixo, reprodução de trecho de um dos seus discursos, feito em 2003:

> *"Chegará o dia no Universo que nós vamos ter menos guerra, ou nenhuma guerra, menos fome, menos crianças nas ruas. E isso só nós é que vamos conseguir. Para isto, o Pai nos deu esta força e este direito, para nós conseguirmos através do diálogo, de reuniões, encontros, de apertos de mãos, de trazer para si, o outro. Temos a nossa casa e não uma senzala. Não comer no cocho como nós comíamos, mas ter uma mesa digna, ter um prato."*

Mãe Beata com José Marmo durante o desfile dos blocos afro, no Carnaval do Rio, 2016.

Lúcia Xavier, coordenadora da ONG Criola e respeitada liderança do movimento negro, entrou para a família do Ilê Omiojúàrô em 2005, ampliando a troca que já mantinha com Mãe Beata, que acompanhava a ONG Criola desde o início dos anos 1990.

Uma das participações de Mãe Beata de Yemanjá no debate sobre políticas públicas deu-se no I Seminário Nacional Religiões Afro-Brasileiras e Controle Social de Políticas Públicas de Saúde, em 2009. Planejado por várias organizações do movimento negro, como RENAFRO e Criola, ela compôs o painel "Religiões Afro-Brasileiras, Cultura e Saúde", juntamente com Mãe Stella de Oxóssi (Salvador), Mãe Railda de Oxum (Brasília), Ekédi Sinha (Salvador), Mãe Meninazinha de Oxum (Rio de Janeiro), Mãe Edelzuita de Oxaguian (Rio de Janeiro) e Makota Valdina (Salvador). Nesse painel foi mostrado ao público presente como os terreiros lidam com a saúde e a necessidade da transmissão dos saberes da tradição para os cuidados sanitários.

Em um encontro com o presidente Lula, no dia 21 de novembro de 2008, no Rio, articulou, com outros líderes de tradição afro, a criação de um plano nacional contra a intolerância religiosa. As lideranças reivindicaram o fim do patrocínio, pelo governo, a veículos de comunicação que estimulam a violência, solicitando, inclusive, a retirada do ar de emissoras, principalmente a Rede Record.

Sexta-feira, 21 de novembro de 2008 — O GLOBO

Lula anuncia plano nacional contra intolerância religiosa

Presidente se reúne com líderes de tradições afro no Rio

Itala Maduell

• O presidente Luiz Inácio Lula da Silva anunciou ontem um Plano Nacional de Combate à Intolerância Religiosa e se comprometeu a enviar ao Congresso projeto de lei tornando mais rigorosas as punições à perseguição religiosa. Em ato pelo Dia da Consciência Negra, no Rio, o presidente reuniu-se ontem no Rio com líderes religiosos — presbiterianos, católicos, umbandistas e judeus. Lula recebeu um documento que, entre outros pontos, pede punição a veículos de comunicação que pregam a intolerância religiosa. O senador Marcelo Crivella (PRB-RJ), bispo licenciado da Igreja Universal, apareceu de surpresa e assistiu à reunião.

Ivanir dos Santos, babalaô (sacerdote da tradição Iorubá), saiu do encontro satisfeito.

— Foi muito bom. Saímos com a certeza de que o presidente vai elaborar um plano de combate à intolerância religiosa e um projeto de lei para ser enviado ao Congresso, em parceria com esse fórum de religiosos e reunindo os ministérios da Justiça, da Igualdade Racial, das Comunicações e a Casa Civil.

Participaram Ivanir, mãe Regina do Bongbosê (filha e neta de africanos) e Pai Zezinho da boa Viagem, do candomblê; Mãe Fátima Damas, da umbanda; dom Antônio Duarte, bispo auxiliar da Arquidiocese do Rio; Marco Amaral, pastor da Igreja Presbiteriana; Sérgio Niskier, presidente da Federação Israelita.

Ivanir abriu a reunião lembrando que em 1994 levou o então candidato Lula ao barracão de mãe Yá Nitinha, no Rio, e que o presidente na ocasião foi alvo de ataques da Igreja Universal pela visita. Todos os religiosos falaram. Dom Antônio, em nome da CNBB, manifestou o apoio da Igreja Católica aos religiosos de matriz africana na luta pela liberdade religiosa:

— Todos reafirmamos nosso apoio à reivindicação, porque a diversidade e a riqueza religiosa é um fato incontestável.

Mãe Beata de Yemanjá, emocionada, chorou ao pedir providências por "não agüentar mais ver seu povo massacrado".

Uma das reivindicações é que o governo proíba patrocínio de órgãos e estatais a veículos de comunicação que estimulam a intolerância. A carta também pede ao Ministério das Comunicações punição com multa e retirada da programação do ar.

Crivella assistiu à reunião em silêncio. Segundo os presentes, o clima era de constrangimento.

Ainda estavam presentes a senadora Marina Silva; os ministros Edson Santos (Igualdade Racial) e Orlando Silva (Esporte); Nilcéa Freire (Políticas para as Mulheres); e o governador em exercício, Luiz Fernando Pezão.

A reunião, a portas fechadas, ocorreu no Centro Administrativo do Tribunal de Justiça, antes da inauguração de um monumento em homenagem a João Cândido, o Almirante Negro, na Praça XV. Ao ser anunciado como uma das autoridades presentes à inauguração, Crivella foi vaiado pela platéia.

Depois da reunião, o pastor presbiteriano Marco Amaral destacou que sua presença como representante de "milhões de evangélicos que não se alinham com os absurdos praticados notadamente pela Rede Record e pela Igreja Universal".

— Não queremos apenas tolerância, que pressupõe alguma intolerância; queremos que haja respeito. O cristianismo dialoga, é inclusivo e propositivo.

Niskier destacou a importância do encontro:

— Nós judeus sabemos o que é a intolerância. O compromisso do presidente dá mais consistência na luta pelo respeito e pela dignidade das religiões. Temos certeza de que não vai ficar só nas palavras.

A proposta da comissão para o Plano de Combate à Intolerância Religiosa prevê a aplicação imediata da Lei 10.693, sancionada por Lula em 2003, que obriga as escolas públicas e particulares a ensinar História da África e Cultura Afro-Brasileira. E que a Secretaria Nacional de Segurança Pública oriente as delegacias de todo o país, como já acontece no Estado do Rio, para que cumpram efetivamente a Lei 7716/89, a chamada Lei Caó, que tipifica o crime de intolerância religiosa.

Crivella não foi encontrado para falar sobre a reunião. ■

> *Não agüento mais ver meu povo massacrado*
> **Mãe Beata de Yemanjá**

> *Saímos com a certeza de que o presidente vai ajudar*
> **Ivanir dos Santos**

Matéria sobre um dos encontros de Mãe Beata com o presidente Lula, *O Globo*, 2008.

Incansável, Mãe Beata de Yemanjá engajou-se na luta pela manutenção das cotas raciais nas universidades. Junto a outras mães de santo, dentre elas Mãe Meninazinha de Oxum, rumou para Brasília a fim de pressionar o Congresso e o Supremo Tribunal Federal pela aprovação das cotas em todas as universidades mantidas pelo Estado do Rio. Na ocasião, o grupo, integrado ainda por militantes do Movimento Negro, foi recebido em audiência pelos ministros da Suprema Corte Nelson Jobim, o então presidente do STF, Joaquim Barbosa e se encontrou com o procurador-geral da República, Claudio Lemos. Na pauta das conversas, além das cotas, as ialorixás cobraram a efetiva implementação da Lei 10.639, que havia sido promulgada pelo presidente Lula em 2003. A lei em questão alterou a Lei de Diretrizes e Bases da Educação Nacional (LDB) para incluir no currículo oficial da Rede de Ensino a obrigatoriedade da temática "História e Cultura Afro-Brasileira".

A ideia de ir ao STF surgiu de uma conversa entre o advogado Humberto Adami e a filósofa e ativista Sueli Carneiro, durante uma homenagem a Abdias Nascimento, outro imprecindível militante do Movimento Negro, ocasião em que trataram sobre a ausência de lideranças do Candomblé que apoiam as cotas no *amicus curiae* das organizações do Movimento Negro.

Havia na sociedade uma forte campanha contra as cotas, inclusive de meios de comunicação como *O Globo* e *Folha de S. Paulo*. Outros militantes contribuíram para esse diálogo do Movimento Negro, como Edson Cardoso, Wania Sant'Anna e Regina Adami. Mãe Beata e Mãe Nitinha foram as responsáveis por convocar as outras ialorixás, Mãe Penha, Mãe Nádia e Mãe Meninazinha. Um dos desafios foi comprovar a pertinência temática da participação dos terreiros no *amicus curiae*.

Mãe Nitinha, Mãe Nádia, Humberto Adami, Mãe Meninazinha, Joaquim Barbosa (ministro do STF), Mãe Beata, Mãe Penha e Nelson Jobim (presidente do STF).

Foram seis meses na elaboração do documento, com procurações de vários terreiros. O argumento definitivo que garantiu a participação das ialorixás foi o fato histórico de os terreiros serem e terem sido centros de direitos humanos, protegendo o povo negro desde a escravidão e preservando a memória cultural da diáspora.

Dentre os reconhecimentos concedidos a Mãe Beata de Yemanjá, um era inédito para uma ialorixá: a Medalha do Mérito Legislativo, da Câmara dos Deputados, oferecida pelo deputado federal Jean Wyllys, em 21 de novembro de 2012. O deputado indicou Mãe Beata como um símbolo de resistência ao fundamentalismo que dissemina preconceito e intolerância por orientação sexual ou crenças religiosas.

Além dessa honraria, recebeu o Prêmio de Direitos Humanos da Presidência da República, no governo Lula, em 2010, e a Medalha Zumbi dos Palmares. Antes disso, em março de 2007, esteve no Senado Federal para receber o diploma Mulher Cidadã Bertha Lutz, e nesse mesmo ano foi homenageada na Bienal de Arte, Cultura e Ciência da UNE (União Nacional dos Estudantes).

À essa altura, já eram recorrentes as caminhadas anuais contra a intolerância religiosa que Mãe Beata promovia, iniciadas em 2008. O evento tornou-se uma grande exibição de diferentes manifestações de fé, que contou com a presença da ialorixá em praticamente todas as edições. Em 2013, ela publicou o relatório Mapeamento das Casas de Religiões de Matriz Africana, resultado de uma pesquisa conduzida pelo Departamento de Sociologia da PUC-Rio, documento que revelou o tamanho e extensão da religião na região metropolitana fluminense e fomentou, na academia, o debate sobre o racismo religioso.

Perfil de Mãe Beata de Yemanjá na coluna *Nossa Gente*, Jornal *Extra*, 2017.

No ano de 2014, o Palácio do Planalto, por meio de ofício assinado pela presidente Dilma Rousseff, convidou Mãe Beata para ser uma das representações religiosas a enviar uma mensagem[19] de paz e solidariedade durante a abertura da Copa do Mundo da FIFA no Brasil. Dentre os convidados estavam o presidente da Federação Espírita Brasileira, Antônio Cesar Perri; o diretor do Rabinato de Israel, Oded Wiener; o secretário-geral da Aliança Evangélica Mundial, Geoff Tunnicliffe; e o Papa Francisco, além de representantes da fé islâmica e da Igreja Ortodoxa Russa. A mensagem de Mãe Beata enviava "forças positivas de axé a Felipão e a todos os jogadores, com as forças de Olorum, Obatalá e Yemanjá, sejamos vitoriosos nessa Copa do Mundo". A seleção brasileira não ajudou muito, mas a mensagem foi passada.

Nas palavras de Helena Theodoro, autora da tese de doutoramento em Filosofia *O negro no espelho*, de 1985, Mãe Beata de Yemanjá é a mulher secreta, que se transforma, cria através dos elementos terra, água, ar e fogo; é a mulher política que resolve os problemas por meio da conversa; e é a mulher sagrada que transforma seu corpo em um verdadeiro altar vivo, que gira mostrando a conexão da humanidade com a Terra e com Exu, fazendo a comunicação com os deuses.

---

[19] https://valor.globo.com/politica/noticia/2014/06/12/nove-lideres-religiosos-
-enviam-mensagens-de-paz-na-copa.ghtml

CAPÍTULO VIII
A MÃE DO MUNDO

Quando Beatriz ainda era criança, o pai, seu Oscar, era conhecido como fazedor de asas dos anjos. Em todas as procissões da igreja da vila de Santiago do Iguape, que todos os anos celebrava Nossa Senhora da Imaculada Conceição, no dia 8 de dezembro, eram escolhidas 24 crianças para representar os anjos, e a menina Beata tinha o desejo de ser uma das escolhidas. Ano após ano acompanhava a procissão e a fabricação das asas pelo pai, que lhe dizia que assim que ela entrasse na escola poderia sair vestida de anjo.

O pai cuidava do andor em que a santa era carregada, feito em veludo e seda. Durante meses a família guardava penas de pato, pombo e ganso num saco e, nas últimas semanas de novembro, começava a colagem das penas em cartolina branca, que depois ganhava o formato da asa de anjo da procissão. Sob as asas, as crianças vestiam camisolões de cetim, doze azuis e doze brancos. E Beata toda animada, ajudando a todos na esperança de um dia também vestir um dos figurinos.

Quando começou a frequentar a escola, a professora Maria Luiza sempre a escolhia para recepcionar as visitas da inspetora. Beata cantava, dançava e declamava poesia, e esteve sempre entre as alunas mais inteligentes da escola até o terceiro ano do primário. Porém, nunca era escolhida para ser anjo; as crianças selecionadas sempre eram as de pele mais clara. O dia da escolha era agitado. As asas, as roupas, diademas de jasmim e as estrelas feitas com papel dourado eram levados para o sobrado de uma loja onde eram selecionadas as crianças.

Aos sete anos ela manifestou seu desejo, ouvindo da professora: "onde já se viu um anjo preto?" Como se o fato de ser negra de pele mais escura anulasse a possibilidade de fazer parte da procissão como representação de um anjo. A fala da professora ficou em sua memória: "você não pode se vestir de anjo, você não pode ser uma filha de Maria, os filhos de Deus não são pretos", de acordo com a própria Mãe Beata. Uma experiência marcante e desumana para qualquer pessoa foi dirigida pela professora à criança que tinha ligação desde cedo com a procissão. À menina Beata, só restou chorar.

Muitas décadas depois, ela teve o sonho de se vestir de anjo realizado. Em 2004, numa viagem a Berlim[20], o babalorixá Murah Soares confeccionou asas de anjo para que Mãe Beata realizasse seu sonho de criança. Não foi um mero ato, mas, sim, para um espetáculo em que subiram ao palco as atrizes Tereza Santos (militante do Movimento Negro), Othella Dallas e o bailarino Ismael Ivo, à época solista do Ballet de Stuttgart.

---

[20] https://mamapress.wordpress.com/2017/05/27/yalorixa-mae-beata-de-yemanja-anjo-de-berlim-e-embaixadora-da-paz-nas-baixadas-do-mundo/

A peça *Olhos D'Água*[21] contava a saga de três mulheres negras a partir do momento de seus sequestros no processo do tráfico transatlântico e se inspirava também em experiências de vida relatadas para a produção da Casa de Cultura de Berlim. O título foi inspirado pelo sociólogo britânico Paul Gilroy, idealizador do encontro acerca das contribuições das culturas negras da diáspora africana para a manifestação artística. *Olhos d'Água*, para Ismael Ivo, remetia ainda a outras memórias e percepções, como as que experimentara ao ir com Mãe Beata e seu filho Aderbal à cachoeira de Tinguá e, num mergulho, produziu a imagem que foi usada para divulgação da peça.

Ort: Haus der Kulturen der Welt Berlin. *Festival*: Black Atlantic. *Titel*: Olhos d Agua. - Tanzperformance von Ismael Ivo - *Choreografie*: Ismael Ivo. *Regie*: Maria Thais Lima Santos. *Premiere*: 18. September 2004 *Darst*.: Mãe Beata, Ismael Ivo.
(Foto: Lieberenz/ullstein bild via Getty Images).

---

[21] https://www1.folha.uol.com.br/fsp/ilustrad/fq2209200415.htm

Em Berlim e Hamburgo, Mãe Beata foi recepcionada por muitos brasileiros que vivem lá, resgatou a história, expôs as marcas da diáspora africana em cada uma das três mulheres negras em cena, Othella Dallas, Tereza Santos e Mãe Beata, mas também de muitos povos, agora sob uma ótica de afirmação da vida e de suas conquistas.

Ras Adauto, brasileiro residente na Alemanha, convocou a fotógrafa Yone Guedes e juntos foram de Hamburgo para Berlim, na praça onde fica o Siegessäule, o Obelisco da Vitória. Ali, Mãe Beata reparou o desejo antigo de ser anjo. Estava frio, mas a alegria, um casaco e o longo vestido branco com o arco de flores na cabeça deram conta de esquentar o coração de todos os que a acompanhavam. A polícia chegou a passar duas vezes pelo local, mas não interrompeu com o grupo.

Mãe Beata de Yemanjá vestida de anjo na Alemanha.
(Foto: Yone Guedes)

Na visita a Hamburgo, em 2008[22], ela celebrou a ancestralidade no altar da Catedral Luterana do Bairro de Altona, igreja destruída na Segunda Guerra Mundial e posteriormente reconstruída. Enquanto toques de atabaques eram emitidos dentro da catedral, Mãe Beata se levantou e dançou. Quando subiu ao púlpito para falar, expressou-se dizendo que ali era uma manifestação da força de Olorum, que mesmo em outras religiões ele não deixava de ser soberano. Pensar no que o sagrado fazia ali era um teste para as mentes, "os orixás, as ancestralidades e a força dinâmica de Exu com todos os orixás do panteão. O *apartheid* não está entre nós, não existem mais nem as correntes nem as chibatas para o povo negro consciente de sua identidade".

Ainda na Alemanha foi convidada a participar da inauguração da Rádio Multimídia e da Casa de Cultura dos Povos, juntamente a outros brasileiros, ocasião em que visitou também uma feira do livro em Frankfurt, deparando-se com mais brasileiros nos estandes, que lhe renderam homenagens. Da primeira vez em que esteve na Alemanha, em 1994, foi recebida pelo cônsul brasileiro em Berlim, Sérgio Rouanet, com direito à feijoada e a um encontro com integrantes da União das Religiões pelo Mundo, iniciativa ecumênica em defesa da paz.

Em 1986 Mãe Beata foi a Nova York acompanhada de Helena Theodoro para um encontro mundial sobre os cultos afro. No evento, com a participação de várias lideranças religiosas, como Mãe Stella de Oxóssi, ialorixá do Ilê Axé Opô Afonjá, foi montada uma exposição

---

[22] https://youtu.be/DHaKc30q0uw

com obras de Mestre Didi. Helena Theodoro conta que, na viagem, Mãe Beata levou vários suvenires e mercadorias, tais como contas e produtos religiosos, para troca e também para venda com pessoas de outros pontos da diáspora negra, tudo parte do seu interesse como cidadã universal que era. Dois anos depois dessa participação palestrou no Seminário *African Ameridian Performances from Brazil* e, ainda nos Estados Unidos foi convidada para palestras nas universidades de Stanford, Berkeley e na de Nova York (NYU), focando no combate à homofobia e à violência contra a mulher.

Em 1999 Mãe Beata esteve novamente em Nova York, a convite da cineasta Tania Cypriano, para o lançamento do filme *Odo Ya! Life With AIDS*[23], evento realizado no Museu de Arte Moderna de Nova York (MoMA) onde esteve acompanhada pelo amigo e irmão de militância e de santo, o ogã José Marmo da Silva, secretário-executivo da Rede Nacional de Religiões Afro-Brasileiras e Saúde e integrante do Comitê Técnico de Saúde da População Negra do Ministério da Saúde.

Marmo, falecido em 2017, foi o responsável por promover campanhas de promoção à saúde e prevenção de HIV/Aids com a população negra e de terreiro e pelo projeto Arayê, da ABIA (Associação Brasileira Interdisciplinar de Aids), nos anos 1990, quando Mãe Beata se envolveu nessa luta. As persistentes ações e iniciativas de Mãe Beata, de Marmo e da RENAFRO, da ONG Criola, além de outros grupos e lideranças foram cruciais para que o fator racial passasse a ser considera-

---

[23] https://www.youtube.com/watch?v=Jdu2xcQBubg

do nas políticas públicas sobre saúde no Brasil, assim como os conhecimentos sobre saúde adquiridos nas comunidades de terreiro.

Um registro fotográfico da referida viagem mostra Mãe Beata, muito elegante e à vontade, lendo seu livro, *Caroço de Dendê*, para um grupo de pessoas no Central Park, acompanhada por Tania e o filho, Booker Mitchel.

Mãe Beata de Yemanjá no Central Park, em Nova York, ao lado da cineasta e amiga Tania Cypriano, moradora da cidade.
(Foto: Flávia Fontes).

Esse intercâmbio e difusão da cultura afro-brasileira, bem como de outras bandeiras que defendia, repetiu-se na América Latina. Em maio de 2008 Mãe Beata foi à Cuba para o evento chamado Cuba Disco, um festival de música que tinha por tema a diáspora africana. Lá, teve contato com a Santeria, que cultua o mesmo panteão de orixás do Candomblé, com toques, cores e cânticos muito semelhantes.

CAPÍTULO IX
VOZ COLETIVA

Nosso suor foi o doce sumo de suas canas

- nós bagaços

Nosso sangue eram as gotas de seu café

- nós borras pretas

Nossas carapinhas eram nuvens de algodão,

Brancas,

Cos nossas negras dignidades

História para Ninar Cassul-Buanga (Nei Lopes)[24]

---

[24] LOPES, Nei. **Incursões sobre a pele**. Rio de Janeiro, Artium, 1996.

"Além de eu criar, eu ouvia e absorvia porque no nosso tempo não existia rádio... Não tinha televisão. O que era a nossa distração? Era brincar de roda, noite de lua, brincar, de pique-esconde, brincar de ciranda, que era muito importante. Brincar de três Marias, capitão, jogo de castanha. Era pular corda, era tudo isso... E ouvir estórias dos mais velhos, dos avós. Até no próprio colégio tinha estórias, tinha contadores de estórias. No interior, antigamente no Iguape, no Recôncavo, tinha contadores de estórias. Quer ver? Eu tinha um tio que era tão capaz! Que ele era tratado como mentiroso. Então esse meu tio, Brasilino, ele era grande contador de estórias, ele criava. E eu ouvia aquelas estórias. E se a gente tava na casa de farinha raspando mandioca pra fazer a farinha sempre era uma roda, com um monte de mandioca ali no meio, todos nós ali com a faca descascando a mandioca. Mas sempre se contava uma estória, sempre se lembrava alguma coisa e eu, como sempre, gostava! Ouvia tudo isso e, ainda, eu tinha poder, não sei, Olorum me deu esse poder de criar personagens como aí no Caroço de dendê eu dou vida a Obi, eu dou vida ao Odu Ojonilé, eu dou vida ao Odu Ossá (...)". Cresci, depois me casei, aí tive filhos, depois de vários anos, depois de iniciada de Candomblé, comecei a escrever em cadernos. Escrevia, ali, a minha criatividade."

— Mãe Beata de Yemanjá

Durante a pesquisa para esse perfil biográfico, acessei vários dos manuscritos de Mãe Beata de Yemanjá, diários, cartas e textos digitados, estes, registros de suas falas em eventos. Por meio da publicação de livros, da escrita, e por ser acessível para jovens pesquisadores, ela possibilitou que seus saberes fossem compartilhados com um número muito maior de pessoas.

Nesses cadernos, diários e escritos, em diferentes formatos, encontramos contos, poesias e textos críticos da própria Mãe Beata, uma mulher que estudou apenas até o terceiro ano do primário, publicou livros, e fez da mídia social Facebook um espaço para difundir ideias.

Entre os livros escritos por ela estão o *Livro da saúde das mulheres negras* (no qual é autora de um texto), *Histórias que minha avó contava* e *Caroço de Dendê*, publicados por editoras e distribuídos em todo o país, que redimensionam as vivências dessa autora que, para a escritora Conceição Evaristo[25], afirma seu pertencimento e joga luz sobre os sentidos de uma matriz africana na sociedade brasileira. Mãe Beata transformava as vivências do terreiro em temática narrativa.

Com o livro de contos *Caroço de Dendê*, publicado em 1997 pela editora Pallas, ela dá importância à sabedoria dos terreiros. O livro, em uma escrita muito próxima das narrativas orais com que os conhecimentos são transmitidos dentro dos terreiros. Preservando os segredos

---

[25] EVARISTO, Conceição. Literatura negra: uma poética de nossa afro-brasilidade. Dissertação (Mestrado em Literatura Brasileira) - Departamento de Letras, PUC--Rio, Rio de Janeiro, 1996.

da tradição, ela oferece ao mundo uma compreensão coletiva de ancestralidade. No conto cujo título é um homônimo do livro, Mãe Beata nos apresenta uma lenda sobre o caroço de dendê.

"Quando o mundo foi criado, o caroço de dendezeiro teve uma grande responsabilidade dada por Olorum, a de guardar dentro dele todos os segredos do mundo. No mundo Iorubá, guardar segredos é o maior dom que Olorum pode dar a um ser humano" (Yemonjá, 2008, p. 97)[26]. O livro, com forte teor autobiográfico, é, ele próprio, o caroço de dendê. Os contos são fruto dos muitos saberes que a autora adquiriu ao longo da vida.

Cristina Warth, da editora Pallas, ressalta que em *Caroço de Dendê* Mãe Beata de Yemanjá incorpora a convivência com velhos africanos, ex-escravizados, chamando atenção para como as rodas e as conversas nos terreiros repercutem nos seus escritos. Os textos se comprometem com as gerações seguintes, que saberão as mesmas histórias a partir de outras bocas, mas também das palavras diretamente deixadas por ela.[27]

Histórias que a minha avó contava foi publicado em 2004, pela editora Terceira Margem, e reúne várias histórias curtas, lendas contadas de uma geração para outra e recriadas ou apropriadas por ela. Em seus últimos anos de vida, Mãe Beata fez publicações de textos no Facebook, comentando, principalmente, acontecimentos da vida pública, mas, às vezes, também mensagens com o propósito de insuflar os ânimos:

---
[26] http://www.uel.br/pos/letras/EL/vagao/EL8AArt04.pdf
[27] http://www.proped.pro.br/teses/teses_pdf/2006_1-190-ME.pdf

"Mulheres do meu Brasil. Somos mães, somos guerreiras, me dê a mão. Não pensem em parar, vamos atravessar o Atlântico a nado, do outro lado vamos gritar. Não pense que isto não aconteceu, do lado de cá eu cheguei e estou aqui até hoje navegando em vários tumbeiros. Tumbeiros do ar, da terra e com vocês eu quero navegar, e não importa quem sejam vocês. Venham, bebam a água do meu pote, saciem vossas sedes e com vocês eu quero navegar. Vão aos guetos, às favelas, nos hospitais, nos presídios e chamem todos aqueles que querem nos acompanhar. Acolham as minorias, e vamos dizer a eles: homofóbicos, estupradores, ferraduras e chibatas, nós não vamos aceitar. Venham meus irmãos e irmãs. Companheiros e companheiras, essa pátria é nossa, cantem comigo."

ELEIYÉ KEKERE

OKIRI FOKIRI OLUODO

ELEIYÉ KEKERE

IYAWÁ JOLÁ

IYAWÁ JOLÁ.

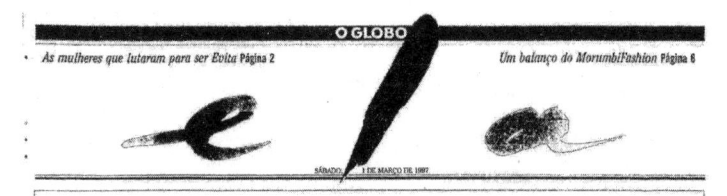

A literata do candomblé

Mãe-de-santo escreve contos e vai a NY

Angela Regina Cunha

Mãe Beata de Iemanjá é a primeira mãe-de-santo a fazer fusão com os velhores, crenças e personagens do candomblé. Iniciada no terreiro de Olga de Alaketu, encontrei-a em programa de TV Globo, em baixara de 66 anos, com fãs em Nova Iguaçu, com reproduções dos desenhos de Caribé, é muito procurado por gente da Zona Sul, lançou abril "Caroço de dendê" – é a sabedoria dos terreiros", livro de contos com mensagens simples e exemplares. Depois, segue para os Estados Unidos para participar, na New York University, da instalação de uma ONG do professor Íbera Latgrei, autor do prefácio.

Valdosa ao universo. Mãe Beata cuida da pele, das unhas e põe pano quente depois de passar batom e diminuir a oleosidade da pele. Mas seu conceito de tempo é bem diferente do da simples morrida.
— Sou de uma religião em que o tempo é ancestralidade. A fruta só dá no seu tempo, a hora so cai na hora certa — filosofa.

Histórias ajudam a divulgar a sabedoria dos terreiros

Mãe Beata sabe que, mais do que o sangue, sabedoria e experiência é que contam para os filhos de candomblé. Parte dessas experiências ela passará a dividir com os leitores nas 43 histórias que sua imaginação sonhadora vem criando desde a infância.
— Na escola, as crianças me cercavam e eu ficava inventando histórias — conta Beata.

Nenhum conto se iguala à história de vida da idosa que gosta de perfume e pouca para a E.U. com um vestido estampado nigeriano verde, amarelo e dourado, balbuche dourada, colares de contas nas cores de Iansã e Iemanjá, pulseiras de ouro e muitos anéis.

No Rio há mais de 30 anos, ela foi colecionando histórias arrancadas da memória, ouvidas no terreiro ou tiradas da tradição religiosa. Em todas há injustiça e entreemes mas também esperança e vitória.
— Só abaixo a cabeça a qua o elevador do serviço quem não se veneria — diz Mãe Beata. — Só porque sou negra, gorda e velha não preciso ser subserviente e indigna. Existe racismo, mas não me sinto discriminada pois tenho os pés no chão e sei o que quero.

Com a mesma veemência, com que defende o candomblé dos ataques dos cultos evangélicos, nos quais se refere como "igrejas elétricas", ela critica os livros de receitas oferecidos aos orixás.
— Não faço, sou contra.

Os assuntos dos santos não são incompativeis com o dia-a-dia bem – mesmo Mãe Beata concilia espiritualidade e militância. Já integrou o Conselho Estadual da Mulher, a Associação Brasileira Interdisciplinar da Aids (Abia) e o Fundo Inter-Religioso da Campanha da Fome. E confessa gostos prosaicos como ser fã de novela ("mas sem contos críticos", avisa, é fã apostadores do Papa-Todo e da Telelena). Sonho de riqueza? Não, projeto de cidadania. Só interessa não ter o poder de adivinhação. Gostaria de ganhar na loteria "para irar um pleito do Brasil e ajudar a comunidade de Miguel Costa", distrito de Nova Iguaçu, onde ela vive. ● *Continua na página 2*

NA PAZ DO ILÉ OMIOJUARÓ, cujas paredes trazem reproduções de desenhos de Caribé, mãe Beata de Iemanjá invoca os orixás o imagino histórico do candomblé para seu próximo livro

A LITERATA DO CANDOMBLÉ • *Continuação da página 1*

De Cachoeira do Paraguaçu para a Alemanha, com escala na TV Globo

Apesar da militância cultural, ela confessa que vê novela e joga na TeleSena

Dentro das limitações do lugar, uma rua sem calçamento no distrito de Miguel Couto, e do próprio culto, sem imagens, o Ilê Omiojuarô (casa da água os olhos de Oxóssi) é um luxo. As paredes foram pintadas por um amigo reproduzindo orixás desenhados por Caribé.

— Minha casa é de todos. Aqui muita gente se forma depois de passar por um processo de purificação e aprendizado — conta.

O pouco estudo não limitou a militância de Mãe Beata. Ela já enviou documento à Procuradoria Geral da República pedindo respeito às religiões africanas e deu palestras sobre o tema na Alemanha. Ela cursou até o terceiro ano primário e aprendeu com um professor nigeriano um pouco de ioruba, suficiente para entoar os cantos que atraem os deuses nos rituais do candomblé. Com "Caroço de dendê", ela quer ser reconhecida também como escritora.

Os desenhos delicados de Raul Lody, no início e fim de cada capítulo, sugerem um livro para jovens. Mas Mãe Beata quer que adultos e crianças também leiam os ensinamentos. Seus preferidos são "O samba na casa de Exu", "O cachimbo da tia Cilu" e "O balaio de água". No primeiro, uma mulher louca por samba acaba trocando passos com o próprio Exu. A tia Cilu do conto é uma velha bondosa que possui o dom da onipresença.

— O conto do balaio de água é uma representação do poder da fé — explica Mãe Beata.

Incentivada por Cristina Warth, diretora da editora Pallas, especializada em temas afros, a mãe-de-santo pôs no papel suas histórias para divulgar a cultura afro. Neta de escravos (o avô era reprodutor num engenho), Beatriz Moreira Costa nasceu em Cachoeira do Paraguaçu, no Recôncavo baiano. Os cultos afros eram proibidos naquele lugar pobre mas, segundo ela, sobreviveram graças a Olorum, o deus para o candomblé. Hoje Mãe Beata se orgulha de ter se tornado escritora embora pregue a modéstia em seu terreiro.

— Aqui sou professora, psicóloga, mãe e confidente — diz.

A Beatriz Moreira Costa ficou para trás há 40 anos, quando, depois da iniciação em Salvador, tornou-se Omisami, mãe e madrinha das águas. A partir daí, a vida de mãe Beata tem sido o terreiro e os búzios.

— Lutei muito, fiz de tudo na vida. Fui cabeleireira, costureira e figurante em novela. Sou aposentada pela TV Globo.

Essa mãe-de-santo amiga das letras nasceu numa encruzilhada depois que a mãe de sangue, Maria do Carmo, foi pescar num rio e a bolsa estourou. A parteira do engenho logo percebeu que Beatriz era filha de Exu e Iemanjá.

Muito jovem, ela se casou com o primeiro e único namorado, Apolinário Costa, um funcionário público. Tiveram cinco filhos: Ivete, Adeílton, Maria das Dores e Aderbal.

— Não deu certo. Sou divorciada. Hoje estou casada com Xangô e Oxóssi — resume Beata. ■

Matéria do jornal carioca *O Globo*, sobre o trabalho literário de Mãe Beata, 1997.

Em entrevista ao caderno ELA do jornal O Globo, em 1997, contou sobre a ida à NYU (Universidade de Nova York) e fez declarações contra a discriminação racial: "Só abaixa a cabeça e usa elevador de serviço quem não se valoriza. Só porque sou negra, gorda e velha não preciso ser miserável e indigna".

SONHO ESCRAVO

*O negro no calabouço
ele gritava, ele chorava
ele gemia.
o maldito feitor
nele batia, batia*

*Tingia de sangue seus trapos
a crueira ele comia
era marcado com ferro em brasa
porém ninguém o ouvia.*

*- Olorum vem me acudir
já não tenho por quem gritar
será que meus ancestrais
vão me abandonar?*

*- Eu sonho com liberdade
Será que esse dia virá?*

*- Eu acredito nisso
não posso me enganar,
somos negros, somos humanos
um dia há de mudar.*

Mãe Beata de Yemanjá

CAPÍTULO X
EU NÃO VOU SUCUMBIR / A VOLTA PARA O MAR

A trajetória política de Mãe Beata é a sua própria caminhada de vida, ainda que o terreiro, o InDec e outros movimentos sociais façam parte do percurso. No caso da Criola, é uma organização de mulheres negras que além de estar diretamente conectada ao cotidiano de muitas mulheres, articula dezenas de coisas para além de bandeiras caras para Mãe Beata. Desde seu primeiro contato com a ONG e com Lúcia Xavier, nos anos 1990, ela contou com esse grupo também como um ponto de movimento, contribuindo para formulação de políticas públicas e agregando ideias descolonizadoras nos outros grupos onde sua voz ecoava. Ao mesmo tempo, a ialorixá era, e ainda é, um farol para Criola.

Na ONG, em que Mãe Beata foi designada presidente de honra, mulheres negras do Rio de Janeiro preparam documentos, eventos, cursos e a incidência política em vários níveis. Estar ao lado de Jurema Werneck e Lúcia Xavier, fundadoras da Criola e, no caso da segunda, ekédi de Yemanjá e amiga da ialorixá, e de muitas outras lideranças comunitárias do Rio e de outros estados, ampliou o legado de Mãe Beata. Nos anos 1990 e 2000 ela seguiu palestrando em universidades, promovendo encontros de movimentos sociais, além das próprias atividades que organizava ou nas quais se fazia presente, tais como lançamento de livros, rodas de samba e audiências públicas relativas aos direitos das mulheres, dos negros e da população da Baixada Fluminense.

Mãe Beata acompanhada de seu filho Adailton em 2012, o atual babalorixá do Ilê Omiojúàrô.

Durante os dois primeiros governos Lula e no governo de Dilma Rousseff, Mãe Beata de Yemanjá abriu canais de incidência e contribuição política na gestão federal, o que pessoalmente a mobilizava muito. Além de audiências, encontros e manifestações para as quais era convidada a participar, foi filiada ao Partido dos Trabalhadores. Desse lugar, integrava o Movimento Negro, ia à Brasília — em uma dessas idas chegou a dançar no Senado Federal —, encontrava parlamentares, ministros e até políticos de outros países.

Com suas ideias, projetos e sabedoria no manejo das dificuldades da vida, Mãe Beata participou de atos públicos com milhares de pessoas em defesa da presidente da República, Dilma Rousseff, durante o processo que culminou no seu impeachment, em 2016. Também se encontrou mais de uma vez com o presidente Lula durante seus governos. Nos últimos anos, quer em relatos de pessoas que conviviam com ela, quer nas postagens em redes sociais e mesmo em um dos nossos encontros, ela manifestava muita preocupação com o rumo do Brasil.

Em 2010, no 2º Congresso de Cultura Iorubá, convidada a falar a partir do lugar de sacerdotisa do Candomblé Ketu, compartilhou as seguintes palavras sobre as cotas nas universidades, tema que estava sendo disputado na opinião pública:

> *"Como se discute tanto sobre elas [as cotas], às vezes eu fico pensando que estratégia medíocre, que a meu ver é uma maneira de nos dar direito de ter uma consciência privilegiada de sabermos os nossos direitos. Pensam que nós não estamos sentindo que é uma maneira, de quanto mais negro e desprotegido, as pessoas nos morros nas favelas, nos guetos, será melhor para essa vil estratégia."*

Durante a Rio+20, Conferência do Clima da ONU,[28] Mãe Beata foi convidada a estar presente por conta de seu engajamento no debate climático e pelo fato de ser uma embaixadora da causa em setores interreligiosos, mas, principalmente, no Ilê Omiojúàrô. Na Conferência, com a participação da ex-presidente do Chile Michelle Bachelet, então diretora-executiva da ONU Mulheres, muitas pessoas cumprimentavam Mãe Beata como autoridade também, Michelle falava, Mãe Beata

---

[28] https://www.bbc.com/portuguese/noticias/2012/06/120616_cupula_povos_galeria_jc

era reverenciada. Na Cúpula dos Povos, paralela à Rio+20, foi homenageada ao lado do Nobel de Literatura Wole Soyinka, nigeriano, no Encontro Afroambiental para a Preservação dos Terreiros.

A defesa da vida dos jovens negros se tornou uma bandeira de vida, e sua preocupação aumentou com a recorrência dos casos de violência policial. O Brasil é um país que acumula alto índice de assassinatos de jovens negros, e os poucos avanços obtidos nos governos Lula e Dilma foram insuficientes para alterar significativamente o campo das políticas de segurança.

As cotas raciais e sociais impulsionaram muitos jovens negros e de baixa renda a acessar o ensino superior, ainda que faltem políticas adequadas de permanência nas universidades públicas para esse público e que ainda ocorram repetidamente episódios de discriminação e racismo. Mãe Beata sempre acompanhou muito atentamente as discussões sobre a questão. Por muitos desses jovens viverem na Baixada Fluminense e pelo racismo escancarado que assume a política por aqui, era motivação para jamais parar, seguir contra todas as limitações que se impunham. O contexto do país, em especial depois do *impeachment* da presidente Dilma Rousseff, deixava Mãe Beata entristecida, parecendo prever que o que viria pela frente aprofundaria as desigualdades e provocaria um tipo de desânimo coletivo. Quando a entrevistei para o *Voz da Baixada* e mencionei o nome de algumas pessoas para que ela comentasse, ante o nome de um certo deputado explícito defensor da ditadura militar, sua reação foi rir e dizer "você *tá* brincando comigo".

Mãe Beata chegou a ser homenageada pelo Grêmio Recreativo Escola de Samba Garras do Tigre, de Nova Iguaçu, com o enredo *Mãe Beata de Iemanjá, um presente dos orixás. Do Recôncavo Baiano à Baixada Fluminense, um mito aos olhos do mundo* em 2014.

Mãe Beata no desfile da escola de samba Garras do Tigre, no carnaval de Nova Iguaçu em 2014.

Mãe Beata tinha vários problemas de saúde, e mesmo com a idade avançada seguia muito ativa. Para as emergências, mantinha uma bolsa pronta para a qualquer momento correr para o hospital, se precisasse, assim como um táxi de plantão para atendê-la. Gelson Emiliano, assogbá (sacerdote da casa de Omolu) e filho de santo do quarto barco do Ilê Omiojúàrô, conta que ela procurava manter uma alimentação saudável, comendo saladas e arroz integral, mas não se furtava a beliscar a comida dos outros se visse uma gordurinha sobrando no prato, como era o caso com Gelson.

Vítima de um infarto em 1976, sofreu posteriormente um acidente vascular cerebral e era hipertensa. O noticiário mexia com ela, que fazia questão de se manter bem-informada, lendo diariamente vários jornais, assistindo a TV e reverberando as informações recebidas com as outras pessoas do terreiro.

Em meu último encontro com Beatriz Moreira da Costa, em 11 de maio de 2017, passei a maior parte do tempo em conversa com seus filhos, principalmente Adailton. Ela se recuperava no quarto e quando fui cumprimentá-la, pareceu-me estar bem, feliz, sorridente. Repassamos a ideia da produção de um livro e em seguida a deixei em companhia da neta, Laremi. Enquanto almoçávamos, Mãe Beata se aproximou e comeu conosco, com todos à mesa relembrando histórias e ocorridos do dia anterior, em que se celebrara o Dia das Mães. Cumprimentei Mãe Beata novamente e me retirei. Antes de sair do barracão me despedi de Adailton, reafirmando nosso encontro seguinte.

Um episódio curioso nesse dia foi o de o cachorro da família, Solaris, que estava sumido havia cinco dias, reaparecer. A chegada de Solaris trouxe alegria para o ambiente. Mãe Beata de Yemanjá também era a mulher que cantava Altemar Dutra levando a mão ao peito, não tomava café se não estivesse bem quente, dormia com a televisão ligada e adorava pegar a comida com as mãos para fazer bolinhos, popularmente chamados de capitão.

CONSUMMATION

"At peace forever
For we are one"
Nina Simone

Dias antes de sua morte, Mãe Beata de Yemanjá concedeu uma entrevista para a agência de notícias France-Presse, durante a qual chorou, comentando sobre o momento que vivíamos no Brasil. No espaço do terreiro, ela queixava-se dos casos de discriminação ao uso do turbante que vinham se repetindo com mulheres do Candomblé.

– *"Nós não morremos. Há uma continuidade de outra vida mais plena, com mais sabor, com mais serenidade. Nós somos como um vidro de perfume. Se uma grande essência cair, se quebrar, fica aquele aroma delicioso, de capim, de rosa, sem você saber... Nós somos espíritos, somos os eguns, porque os nossos antepassados estão ali conosco".*

– *"Essa vergonha do 13 de maio é mais uma balela. Vamos procurar ver... Nunca existiu o negócio de Abolição. 13 de maio? Qual 13 de maio? A visão do Brasil é que, se você tem a pele mais clara, você tem tudo".*

Mãe Beata faleceu na madrugada do dia 27 de maio de 2017, depois de passar mal e ser levada para um hospital em Niterói, próximo de onde se encontrava. Até o Dia das Mães daquele mesmo mês de maio, ela fez questão de participar ativamente de todas as atividades do Ilê Omiojúàrô. Sua saúde já estava fragilizada há algum tempo, com diagnósticos de insuficiência cardíaca e câncer na tireoide, tratamentos que a obrigavam a desacelerar de vez em quando.

Na cerimônia fúnebre de Mãe Beata de Yemanjá, o cortejo foi aberto por batedores e instalou-se um clima de comoção coletiva, como se todos tivéssemos ficado órfãos. Quando cheguei ao Cemitério Municipal de Nova Iguaçu avistei uma multidão vestida de branco subindo a ladeira. Eram filhos e filhas de santo, familiares, amigos. Identifiquei Jurema Werneck, a jornalista Flávia Oliveira (sobrinha de 2º grau da ialorixá), a professora de direito Thula Pires, o ator Aílton Graça e outras importantes personalidades e autoridades, como a ex-ministra-chefe da Secretaria de Políticas para as Mulheres no governo Lula, Nilcéa Freire, e o babalaô e ativista Ivanir dos Santos. Destaco esses por serem figuras públicas que reconheci facilmente na ocasião. Mais do que títulos e cargos, são pessoas que, em comum com todos os muitos anônimos e não anônimos que estavam ali, compartilhavam a humanidade ofertada por Mãe Beata.

Às onze horas do dia 28 de maio de 2017, durante um ato em defesa da democracia, na Praia de Copacabana, a cantora Teresa Cristina puxou um coro de milhares de vozes cantando a *Oração da Mãe Menininha do Gantois* e lembrou de Mãe Beata de Yemanjá. No dia 29, dois dias depois do falecimento, o Governo do Rio decretou luto oficial de três dias no estado em razão da morte de Mãe Beata de Yemanjá.

Dias depois, em 7 de junho, estava marcada a entrega da Medalha Tiradentes à ialorixá, oferecida pelo deputado Marcelo Freixo (à época no PSOL), cerimônia que foi mantida como homenagem póstuma. Passadas poucas semanas do falecimento de Mãe Beata iniciou-se um movimento chamado "Luto na luta". O nome devia-se ao fato de ainda se estar de luto pela sua morte e, ao mesmo tempo, lidando com o crescimento do número de ataques a terreiros em Nova Iguaçu. A campanha foi uma forma de denunciar as investidas, cobrar proteção aos espaços sagrados e combater o racismo religioso.

Segundo dados do Instituto de Segurança Pública (ISP), o Rio de Janeiro registrou, ao longo de 2020, um total de 1.355[29] ocorrências de crimes associados à intolerância religiosa — a cada dia são pelo menos três casos e para as religiões de matriz africana o fator racial também determina os ataques. Mãe Beata sempre dizia que não queria apenas ser tolerada, mas respeitada. Episódios como esses ataques recorrentes contra comunidades religiosas negras se enquadram naquilo que os estudiosos e militantes da causa negra classificam como racismo religioso.

A reabertura do Ilê Omiojúàrô após o período do Axexê, em 30 de junho de 2018, foi com a festa de Yemanjá. Fitas azuis e brancas pendiam do teto do barracão, que passou por obras durante o período de

---

[29] https://www.cnnbrasil.com.br/nacional/rj-teve-mais-de-1-3-mil-crimes-que-podem-estar-ligados-a-intolerancia-religiosa/

luto, uma reforma planejada por Mãe Beata ainda em vida. Nas paredes, pinturas de orixás e quadros com as imagens de Mãe Olga do Alaketu, da matriarca da casa e do seu herdeiro, Pai Adailton. O terreiro ganhou também uma fonte para Yemanjá, instalada em frente ao pé da árvore Irôko. Horas antes da chegada do público, muitas crianças brincavam, reparando nas pinturas ainda em finalização. Em um dos cantos, um grupo sentado no chão terminava os últimos adereços, enquanto num outro crianças jogavam xadrez e dominó. Aberto o portão, algumas pessoas sentadas no chão, Anísio, filho de Aderbal e neto de Mãe Beata, mostrava-se a mais agitada das crianças. Com a presença de todas as tradições, a vida e a esperança eram cultivadas, inclusive a presença da mãe do mundo.

ENTREVISTADOS

- Adailton Moreira
- Aderbal Ashogun
- Cel. Ubiratan
- Cláudia Ferreira
- Egmobi Neuza
- Ekedi Kcia Chagas
- Elisa Larkin
- Erasmo e Jaime Costa
- Gelson Assogba
- Gustavo Melo Cerqueira
- Helena Theodoro
- Hildézia Medeiros
- Humberto Adami
- Ivete Moreira
- Jayro Pereira
- José Lopes
- Jurema Werneck
- Lúcia Xavier
- Luiz Antônio Simas
- Mãe Meninazinha de Oxum
- Maria das Dores Moreira (Doya)
- Tania Cypriano
- Thula Pires
- Marcos Serra
- Nilcéa Freire
- Ogan Bangbala
- Rubem César Fernandes
- Sueli Cabral
- Zuleide da Paixão Lira (Dona Ledinha)

GLOSSÁRIO

Axé - energia vital, na mitologia iorubá

Axexê - ritual fúnebre em iorubá

Babalorixá - sacerdote

Banto - universo etnolinguístico localizado ao sul do Deserto do Saara que engloba mais de 300 subgrupos étnicos diferentes

Ekédi - zeladora do orixá

Exu - o senhor dos caminhos, da comunicação e das encruzilhadas no panteão iorubá

Iansã - orixá dos ventos, tempestades e da transformação

Iaô - pessoa iniciada no Candomblé

Ialorixá - sacerdotisa, mãe de santo

Ilê - terreiro / casa

Nagô - nomeação conferida ao povo iorubá

Ogum - deus do ferro, da forja, ligado à cultura material e à guerra

Ogan - mestre, pessoa que se distingue numa sociedade

Orixá - nome geral das divindades do panteão iorubá

Oxalá - orixá mais velho, o grande pai

Oxóssi - orixá caçador, que representa a fartura. É companheiro de Ossain, por ser ele também das matas, e de Ogum

Oxum - orixá responsável pela fertilidade da terra e pelas águas dos rios no panteão iorubá

Xangô - deus do raio e do trovão. Ligado às práticas de justiça

Yemanjá - orixá senhora de todas as cabeças e do equilíbrio energético no panteão iorubá

Yorubá - idioma falado milenarmente pelos povos Nagô

BIBLIOGRAFIA E FONTES

COSTA, Haroldo. **Mãe Beata de Yemonjá**: guia, cidadã e guerreira. Rio de Janeiro: Garamond, 2010.

GOMES, Edlaine de Campos. OLIVEIRA, Luís Cláudio. **O Tradição dos Orixás**: valores civilizatórios afrocentrados. Rio de Janeiro, IPEAFRO, 2019.

NASCIMENTO, Wanderson Flor. **Entre apostas e heranças:** contornos africanos e afrobrasileiros na educação e no ensino de filosofia no Brasil. Rio de Janeiro: NEFI Edicões, 2020.

SILVA, Gloria Cecília de Souza. **Os "Fios de Contos" de Mãe Beata de Yemonjá:** mitologia afro-brasileira e educação. 2008. Dissertação (Mestrado em Educação) - Faculdade de Educação, Universidade do Estado do Rio de Janeiro, Rio de Janeiro, 2008. Disponível em: http://www.proped.pro.br/teses/teses_pdf/2006_1-190-ME.pdf. Acesso em: 8 dez. 2021.

SILVA, Pedro Henrique Souza da. Entre a mensagem e a comunicação: A "oralitura" de Mãe Beata de Yemonjá. literafro. Belo Horizonte, 23 ago. 2021. Disponível em: http://www.letras.ufmg.br/literafro/autoras/29-critica-de-autores-feminios/590-entre-a-mensagem-e-a-comunicacao-a-oralitura-de-mae-beata-de-yemonja-pedro-henrique-souza-da-silva. Acesso em: 8 dez 2021.

SODRÉ, Muniz. **O terreiro e a cidade.** Petrópolis: Vozes, 1988.

YEMONJÁ, Mãe Beata de. **Caroço de Dendê**: a sabedoria dos terreiros. Rio de Janeiro: Pallas, 1997.

POSFÁCIO
BEATA INSPIRAÇÃO

É durante a década de 80, mais especificamente no final da Ditadura Militar, que Mãe Beata se torna Iyalorixá do Ílè Axé Omiojúàrô em 1985 na Baixada Fluminense, Rio de Janeiro. Esta época tem uma simbologia muito importante não somente para a comunidade de terreiro que tem esta mulher como líder, mas também para todas as instituições e organizações dos movimentos sociais, pois marca o fim de uma era de violações de direitos humanos diversas e a redemocratização de nosso país, bem como a fundação desta comunidade de terreiro, que se torna e se funda não somente enquanto um templo religioso, mas um espaço de lutas e enfrentamentos às várias formas de violências e preconceitos.

Mãe Beata e sua casa de Candomblé se fundem em uma só estrutura, muitas vezes a mulher negra, iyalorixá, ativista política e sua comunidade são unas, e este legado se incorpora aos seus membros. As atividades rituais e políticas são desenvolvidas conjuntamente, pois Mãe Beata sempre nos disse que só pelo fato de existirmos em uma sociedade e mundo tão racista e machista, já nos fazia pessoas que tinham enquanto dever sermos políticos, ser de religião de matriz e motriz africana, nos legava a luta por direitos. É por isso que há mais de três décadas, com mãe Beata enquanto inspiração, levamos o seu legado religioso, cultural, social e político de superações da população negra e outros grupos vulnerabilizados, buscando uma sociedade que respeite as diferenças e igualdade de direitos. Uma mulher de estatura pequena e uma força gigantesca, que não se excluía de se levantar as demandas de seu povo, arrebanhando os seus para juntos denunciarem e gritarem contra as discriminações de raça, gênero/sexo, classe social e outras discriminações correlatas.

Beata nem sempre era convocada para agir em prol de sua comunidade extensiva, era algo com o qual ela se sentia comprometida e pertencente. Mexer com seu povo era mexer com ela. O seu saber e fazer político e religioso, até os dias de hoje continua a ser a nossa academia e espaço de formação (seu corpo negro e história é a nossa escola), Iyalodê dos novos tempos, mãe legítima, que Iyemonjá e Exu nos ofertou, com sua doçura nos momentos necessários e rígida nas orientações aos que queriam suas falas. O seu cardume não cessa de crescer, peixes de diversas formas, tamanhos e cores, como bem cabe no mar de esperança, dignidade, fartura e direitos.

Ela segue nas correntes do mar, às vezes com calmaria, às vezes como uma grande pororoca que vem derrubando as barreiras e obstáculos que se apresentem, a sua frente nos ensinando como navegar neste mundo de controvérsias e perfídia, como ela gostava de dizer, mas também nos deixou alegrias e esperanças, nos mostrando que as dificuldades não deveriam ser administradas, mas solucionadas. Acreditava e cria nas pessoas, nos dizendo que não havia nada no mundo mais lindo que os seres humanos e a natureza.

Estas vagas é que nos inspira e fortalece estes cardumes de inspiração Beatas.

Esteja conosco mãe, nos insuflando e nos inflamando de matripotências marinhas de sua mãe Iyemonjá e os vários caminhos de Exu.

Adailton Moreira Costa, Seu filho!

Ao ler o livro **A mãe do mundo - Vida e lutas de Mãe Beata de Yemanjá**, escrito por Jefferson Barbosa, 26 anos, jovem jornalista que vive no município de Caxias na Baixada Fluminense, revi o meu encontro com ele no Ílè Omiojúàrô aguardando para entrevistar Mãe Beata de Yemanjá. Mulher de hábitos simples, profundamente antenada com o que acontecia em seu país, especialmente com a população negra. Eu também revi parte de minha história acompanhando a trajetória política e religiosa de Beatriz Moreira Costa, Mãe Beta de Yemanjá.

Foram longos anos de amizade, cuidado, afeto e, sobretudo, companheirismo. A sua presença na minha vida, começa no final da década de 1980 e se estende até após a sua morte física. Notei rapidamente que, apesar de poder compartilhar com ela lutas e sonhos, eu estava aquém de sua capacidade de agir para transformar. Como as mulheres de sua geração, ela encarava os problemas prospectando o futuro. Pensando no amanhã que precisa chegar e dar continuidade. Ela tinha fé na vida e na humanidade. Via em cada pessoa o melhor que podia oferecer, tinha respeito e acolhia, não importando quem a pessoa era, fazia ou sentia.

Mulher de uma visão complexa da vida e de soluções simples. Herdeira de uma ancestralidade que fez com que ela enxergasse o mundo como um lugar de vida, apesar de ser o retrato físico do sofrimento, causado pelas más condições de vida, do trabalho que tem início na mais tenra idade (8 anos), em uma sociedade racista patriarcal cisheteronormativa.

Corajosa, Mãe Beata enfrentou todos os desafios que a vida impõe a uma mulher negra, vítima de violência, quatro filhos pequenos e do Candomblé. Coragem que move as mulheres em sua defesa e na defesa dos seus. Coragem para rever rotas e processos e não deixar ninguém para trás. Coragem também para exercer a maternagem.

Mãe Beata de Yemanjá refinou uma das mais importantes e eficazes estratégias construída pelas mulheres negras, face ao terror vivido pelos negras/os no Brasil desde o período da escravidão, a condição de *mãe* (*iyá*). Cumprindo o chamado dos Orixás, traz para a si dimensão política que o papel de mãe exerce na estratégia de sobrevivência da população negra. Ela expande esse papel, deixando de ser apenas a mãe de Ivete (*in memoriam*), Doya, Adailton e Aderbal, para se tornar mãe do mundo. A mãe/iyá que acolhe, ensina, protege, negocia e faz circular a coragem, a esperança, o amor e a vida. Constitui pertencimento, enraizamento, sentido para viver a vida.

Ser *mãe* supõe uma entrega aos filhos para que cresçam amados, saudáveis e com capacidade de relacionar-se com o mundo hostil. Ser *iyá* supõe, além do poder de gestar, emanar o poder espiritual, criado desde a perspectiva ancestral, a ***matripotência*** (NASCIMENTO, 2016).

Como estratégia, a experiência da ***matripotência*** que agrega e constrói, simultaneamente, o cuidado individual, único recebido por cada pessoa, oferecendo inclusive um útero mítico, onde nos transformamos em filha/e/o. Bem como criando o espaço/território comunitário acolhedor e político expandido, assim, a consciência comunitária.

Ao fundar o Ílè Omiojúàrô, Mãe Beata estabelece a égbè (comunidade), espaço/território ampliando de acolhimento, empoderamento e reforço a consciência comunitária necessária para o fortalecimento de um grupo que não terá futuro. Quebrar essa sina é o que ela pretendeu ao construir pertencimento e enraizamento.

> *'O Candomblé foi o que me deu uma condição de lutar por dias melhores, não só para os meus, mas lutar pelos direitos de todo e toda pessoa que estivesse em situação de desigualdade social. Por isso é que eu sou Mãe Beata de Iyemonjá, mulher, negra, iyalorisá, nordestina, mãe, escritora e plural.*
>
> *Sou forte como os galhos de Iroko, forte como as asas do pássaro (eleié), forte como as águas do mar, forte como a limpidez dos rios, forte e ágil como os peixes e, antes de tudo, viva como os ventres de todas nós, seja mãe que gera ou não, mas sensível por ser mulher.'*

Beatriz Moreira Costa, Mãe Beata de Iemanjá, foi uma ialodê dos nossos tempos, e o livro **A mãe do mundo** retrata parte de suas lutas por direitos, dignidade e por um padrão novo de civilidade baseado no Bem viver que aprendeu com as suas ancestrais.

Baseada em entrevistas, inclusive com a própria Mãe Beata, o livro discorre sobre o nascimento e o desenvolvimento político e social de uma mulher que se tornou a mãe do mundo, a partir da ancestralidade. Os capítulos deste livro perpassam pelo seu nascimento em uma encruzilhada, traz sua memória de menina das águas de Cachoeira, no interior da Bahia até chegar no Rio de Janeiro e se estabelecer definitivamente em Nova Iguaçu, fundando o Ilê Omiojúàrô, casa de candomblé que comandou até a sua morte com centenas de filhas, filhes e filhos.

A sua trajetória política nacional e internacional se confunde também com toda a relação religiosa (tradição) de apoio aos filhos, amigos e ativistas contra o racismo e todas as formas de discriminação. Bem como todo o esforço de encontro e congraçamento entre as religiões.

No último capítulo, o autor apresenta a sua luta contra as violências até a sua morte em 27 de maio de 2017, um dia depois de escrever um texto em protesto à situação da população negra e do país. Revoltada com o golpe desferido contra a ex-presidente Dilma Rousseff e preocupada com os rumos que o país tomava, quase que prevendo os futuros acontecimentos políticos em 2019.

A vida de Mãe Beata é uma inspiração para os nossos dias, em que a violência contra as mulheres e seus familiares não permite que exerçam as suas vidas com dignidade.

Lúcia Xavier
Ekeji de Iyemonjá
Coordenadora Geral de Criola

Esta obra foi composta em Arno pro light display 12 para a Editora Malê e impressa em papel pólen bold 90, pela RENOVAGRAF em abril de 2024.